편집자의 시간

편집자의 시간

ⓒ 김이구 2023

초판 1쇄 발행 2023년 11월 7일

지은이	김이구
펴낸이	부수영
펴낸곳	도서출판 나의시간
등록	2007년 9월 3일 제313-2007-000177호
주소	(우)04206 서울시 마포구 마포대로 204 SK허브블루 314호
전화/전송	02)392-3533/ 02)6052-3533
전자우편	boosbook@naver.com
ISBN	979-11-953539-8-9 03810

• 책값은 뒤표지에 있습니다.

편집자의 시간

김이구

나의
시간

서문

또한 군자가 아닌가

 나는 이 귀한 책의 머리에 오를 자격이 없다. 무엇보다 이 순한 후배에게 선배로서 그 무슨 손길이 되어주지 못했다. 돌이켜보면 참으로 무정한 선배다. 인연으로 치면 김이구金二求 형과 나는 결코 얕지 않다. 그는 내 직계 후배다. 더구나 창비에서 편집자와 편집위원으로 함께 일한 게 또 얼만가. 공부 잘하고, 글 잘하고, 일 잘하는 데 까다로운 기준을, 나도 모르게 장착해서, 겉으로 어린 이 속찬 후배에게 두 번 눈길을 아꼈던 게다.

 솔직히 나는 이런 처지에 놓이는 것을 가능한 한 피해왔다. 아우 같은 후배 김도연 군이 급서했다는 청천벽력에 허둥지둥 부천 장례식장으로 달려갔던

일을 예외로, 나는 후배들 문상은 되도록 기뇬한다. 선배가 후래後來의 빈소에 임臨함은 하늘을 거스른다고 여겼기 때문이다.

후배들 추도사도 극구 사양한다. 그러고 보니, 김이구의 청으로 인천에서 정말 예외적으로 박영근 몇 주기에 말마디를 보탠 적이 있다. 내가 아끼던 시인인데도, 이리 빼고 저리 빼서 유족과 기념사업회 추진위의 눈총을 샀거니와, 그의 어리숙한 그럼에도 물러서지 않는 눈길에 끝내 굴복할 수밖에 없던 기억이 새롭다.

겉으로야 청탁에 말린 일처럼 보이지만, 이번은 나 스스로 나도 모르게 책머리에 나섰다. 원래 전작으로 기획되었다가 황망하게 무산되었던바, 부수영 대표가 이번에 다잡고 모아 요연了然하게 조직한 원고들을 읽어나가면서 나는 감탄을 금치 못했다. 창비에서 함께 일한 인연을 우리 출판의 이면을 밝힐 책을 구성하는 데로 승화한 부수영 대표의 공덕이 무엇보다 고맙고, 묵묵히 돈독한 글쓰기를 수행한 김이구 형의 정진이 더욱이 미쁜 것이다.

'편집자의 시간'이란 표제 아래 이 책은 모두 4부로

구성되었다. '편집자라는 존재' '편집의 시간' '편집자의 눈' 그리고 '우리말 클리닉'. 좋은 책이 항용 그렇듯 실용도 겸비했지만, 특히 '우리말 클리닉'이 종요롭다. 정계에서 통용되는 '금도襟度'를 비롯한 오염된 말들이 횡행하는 현실 속에서, 자칫 성가신 교정을 지속하는 그 모습은 차라리 경건하다. 하나같이 흥미로운 꼭지들이지만, 그중 대화는 무조건 행을 나누는 관행을 지적한 대목에서 나는 뜨끔했다. 김동리가 제자들에게 원고 매수 늘리는 꾀로 가르쳤다는 일화를 전해들은 기억이 나거니와, 원고 팔아 생활하던 고단한 시절 문인들의 해학적 애화哀話로 치부하지 말고, 한번 토론에 부칠 만한 주제가 아닐 수 없다. 솔직히 나는 요즘 언중言衆의 도도한 대세에 밀려 교정에 대한 지적을 거의 포기한 상태였다. 이구 형을 따라 다시 신들메를 고친다.

오랜 현장 경험 속에서 자연스럽게 자각된 편집의 사명에 대한 깊은 통찰이 지배紙背를 철徹하는 이 책은 마이스터의 지경을 넘본다. 아무리 원고가 좋아도 그 가치를 알아볼 편집자를 만나지 못하면 독자를 만날 기회를 앗을 것이고, 다행히 알아본들 훌륭한 책으로 만들어낼 실무역량이 부족하면 또한 묻히기 십상이니, 새삼 편집자의 덕목들을 두루 아우른 김이구 형 같은 정성스런 편집자의 존재가 무겁다.

이 책은 단연코, 신문·잡지를 비롯한 각종 매체에 문필을 농弄하는 우리 지식인들에게 옷깃을 바루게 할 것이다. 기고가들은 편집의 노고를 잊기 십상이다. 판소리 고수들이 북채 집어던지고 소리꾼으로 나서는 경우와 비슷하게, 잡지사에 근무하다 작가 또는 문필가로 나서는 일이 적지 않다. 명사들의 글이 뜻밖에 비문투성이인 경우가 없지 않은데, 또 그런 분들일수록 신성문자나 되는 듯이 교정을 단호히 거부한다. 눈 밝은 편집자를 동무 삼아 자신의 글쓰기를 완성하는 그런 문필 풍토가 우리 사회에 자리잡기를 바라는 마음 그지없다.

또한 이 책은 편집부 사무실 한켠에서 코 박고 교정에 여념이 없는 현역 편집자들을 크게 고무할 듯싶다. 편집자는 필자와 독자를 연결하는 귀한 통로다. 원고에 대한 예의를 갖추면서 수행되는 교정, 교열, 그리고 조언은 그 원고의 질을 전체적으로 높일 터인데, 필자는 독자를 너무 의식해서도 곤란하고, 너무 의식하지 않아도 아니 되는 법이다. 필자와 독자의 어간에서 관건적 균형점을 찾는 훌륭한 편집자가 훌륭한 문학을 낳고 훌륭한 학문을 추동한다는 편집자 본연의 명예를 이 책만큼 환기하는 바는 없을 터.

이구 형은 뜻밖에 58년 개띠다. 전후 베이비붐 세대의 절정인 이 개띠들은 경쟁을 타고났거늘, 그는 별난 개띠다. 나는 《논어》를 여는 '학이장學而章'을 좋아한다. "배우고 때로 익히면 또한 기쁘지 아니한가?" 좋다. "벗이 있어 먼 데로부터 막 들어서면 또한 즐겁지 아니한가?" 역시 좋다. "남이 알아주지 않아도 노여워하지 않으면 또한 군자가 아닌가?" 이 역시 좋다. 하지만 어렵다. 나이 들수록 절감하는바, 군자-되기는 경지다. 이구 형은 타고난 군자다. 내가 뻔히 앞에 두고도 알아보지 못했다. 오호 통재痛哉라.

무주茂朱 김공公 6주기 기일을 앞둔 계묘癸卯 상달에 해주海州 최원식崔元植 짓다.

차례

서문 또한 군자가 아닌가_최원식 · 5

편집자라는 존재

편집자라는 모순된 자리에서 · 15

편집자, 보이지 않는 권력 · 30

편집자는 좋은 배우자인가 · 43
_편집자와 편집증

편집의 시간

활판과 함께 사라진 '돼지 꼬리 하나' · 55

판권, 책의 또 다른 표정 · 66

'읽을 수 없는 고전'에서 '읽을 수 있는 고전'으로 · 84
_'재미있다! 우리 고전' 기획과 고전소설의 생명력

편집자의 눈

교과서 속 수필, 어떻게 선택되나 · 99

교과서다운 문장 형식, 문체를 이루었는가 · 113
_교과서 편집자가 보는 좋은 국어 교과서의 요건

교과서 대화 편집방식 바꿔야 한다 · 132

문학성과 시장성의 경계에 흐르는 강박 · 146
_청소년문학 시장의 빛과 그늘

우리말 클리닉 · 157

수록 글 출처 · 263

편집자라는 존재

편집자라는 모순된 자리에서

 편집자라는 직업의 장점은? 간혹 나는 이렇게 자문한 적이 있다. 편집자 초년병일 때야 책을 좋아하고 작가가 되고 싶어서 출판사에 입사했던 터라, 그저 교정지를 열심히 들여다보고 시위나 농성 현장을 부지런히 쫓아다녔지 그런 질문을 할 생각은 못했다. 아마도 한 십 년여 지났을 때 '어이쿠, 내가 이 일을 십 년 이상이나 할 줄 알았나!' 하는 생각도 들고 '이 직업의 장점은 뭘까?' 하는 궁금증도 생겼을 터이다. 어느새 인생이 꽁꽁 얽혀버린 직업이니, 뭔가 장점을 찾아서 그것으로 자기 위안을 삼으려 했던 것인지도 모르겠다.

내가 얻은 답이 무엇이었던가. 유명 문인과 저자를 만날 수 있다는 것, 늘 책과 가까이 지낼 수 있다는 것, 어쩌면 이런 것이 정답에 더 가까웠겠지만 그때 떠올랐던 답은 '업무가 위험하지 않다는 것'이었다. 대개 책상 앞에 앉아서 업무를 보니, 인쇄소 직원과 같이 기계의 소음에 시달릴 일도 없고 공사장 인부와 같이 사고 위험에 노출될 일도 거의 없다. 그런 의미로 나는 '업무가 위험하지 않다는 것'을 최고의 장점으로 생각했다. 몰라도 너무 몰라요! 이렇게 항변할 편집자가 있을지 모르겠다. 매일매일 사장의 호통에 공포에 떨고, 초읽기로 뽑아내고 있는 책이 언제 어디서 무슨 사고를 터뜨릴지 몰라 가슴이 졸아들고, 이번 달 월급이 나올지 몰라 생활비가 걱정이고, 매일 컴퓨터를 들여다보고 작업하느라 눈알과 어깨와 손목이 신음 중이고⋯⋯ 이처럼 위험 속에서 허우적거려야 하는 직업도 없다고 말할 사람도 있을지 모르겠다.

어쨌든 각자는 다 할 말이 많을 것이고, 사실 나도 문인 접대 등으로 술에 절어 살기도 했고 밤샘 업무로 허리가 고장 나 고생하기도 했고 꽤 여러 번 고비가 있었다. 그렇지만 이 직업의 성격 자체는 기본적으로 위험에 빠질 일이 별로 없는 좋은 것이라고 지금도 생각한다.

이렇게 위험하지 않은 매우 좋은 직업이지만, 편집자는 근본적으로 그 존재 자체가 모순이다. 웬 모순씩이나? 아마 대부분의 편집자들은 자신이 모순된 존재라는, 모순된 자리에 있다는 것을 별로 느끼지 못했을 것이다. 편집자들은 가능하지 않은 일을 한다. 가능하지 않은 일이란 것을 대부분 모르면서, 또는 가끔은 알면서 '그냥 그 일을 한다'. 가능하지 않은 일을 해야 하고 하고 있는 존재이니, 편집자라는 존재 차체가 내게는 모순이다 생각된다.

어쨌든 교정을 보다

조셉 니담, 이 이름이 지금도 기억난다. 서양인으로서 중국 과학을 연구하여 방대한 저작을 남겼다. 서양인이 중국 과학을 연구했다는 것이 신기했고, 또 저술의 양과 그 깊이는 대단했다. 물론 내가 그 학술적 성과를 제대로 알아볼 능력이 있었던 것은 아니지만 말이다. 《중국 전통문화와 과학》은 내가 출판사에 편집자로 입사한 지 얼마 안 돼 교정을 담당했던 책이다. 확인해보니 이 책이 나온 것은 1986년 8월, 30년 전이다. 내가 입사한 것이 1984년 11월 1일이니 겨우 1년 남짓 편집 일을 경험했을 때 이 책을 교정을 보게 되었던 것이다.

　　제1부 중국 과학의 일반적 문제
　　중국의 과학과 기술/네이산 씨빈
　　중국 과학전통의 결함과 성취/조셉 니담
　　중국 전통과학 연구의 문제들/김영식

　　제2부 중국 전통과학의 기초와 배경
　　묵가墨家와 중국 고대의 배경 및 가능성/A. C. 그레이엄
　　중국 우주론의 형성과 전개/山田慶兒
　　주희朱熹에서의 기氣 개념의 몇가지 측면/김영식
　　음양 개념의 분석/만프레드 포커트

《중국 전통문화와 과학》의 '차례' 중 일부이다. 편자나 번역자와 연락을 주고받은 기억이 없는 것으로 보아, 나는 이 책의 편집 담당자는 아니었고 교정 작업을 보조했던 것 같다. '차례'에서 보듯이 아득한 중국 고대의 철학과 과학의 전통부터 다루고 있는 책이다. 조셉 니담의 업적이 대단한 것임은 몇 꼭지 교정을 보아 나가면서 알 수 있었다. 서양 학자, 일본 학자의 글을 뽑아 번역했고, 엮은이인 김영식 교수가 집필한 글도 수록하였다.

나는 중국도, 중국 전통문화도, 중국 과학도 잘 모르는 분야였지만 어쨌든 교정지를 받아들고 영어와 일어로 된 원문도 받아놓고 교정을 봤다. 영어와 일어에 능숙했느냐 하면 그것도 아니었다. 영어 원문에는 가끔씩 중국 고유명사에 한자를 병기해 놓은 것도 있었는데, 영어 속에 한자가 나오니 눈에 잘 띄었다. 다행히 교정을 빨리 보라는 다그침은 없어서, 찬찬히 교정지를 읽으면서 문장이 잘 이해가 안 되면 원문을 살펴보았다. 원문만으로는 내가 해독할 능력이 없지만, 번역문을 원문과 대조하면 독자가 좀 더 명확히 이해할 수 있게 더 나은 번역이 되도록 약간의 수정을 가할 수는 있었다. 드물지만 명백한 오역으로 보이는 것이 나오면 바로잡고 영어나 한자 등 고유명사가 정확히 표기되어 있는지도 확인하였다. 일본어는 대학생 때 그룹스터디로 독해 공부를 좀 했어도 거의 읽어내지 못했는데, 논문은 원문이 대부분 한자로 되어 있어서 문맥이나 표기가 의심스러운 대목은 원문 확인을 하면 대개 해결할 수 있었다.

그 무렵 나는 뭐든 배우려는 마음이었고, 재미없고 지루할 만한 일이었지만 내 손으로 제대로 된 책을 만든다는 자부심으로 싫증내지 않고 파들어갔다. 지금 다시 짚어본다면 초보 편집자의 미숙함이 많이 발견되겠지만, 어쨌든 당시에는 교정을 잘못 봤다는 지적을 크게 받은 적은 없었고 책이 나오고서도 별다른 문제점이 나타나지는 않았다.

<u>일도 하고 공부도 하다</u>

백낙청 선생의 첫 평론집인 《민족문학과 세계문학》은 대학생 때 문학 공부를 하며 교과서처럼 읽은

책이다. 선배들과 이 책을 읽고 토론하기도 했고, 뒤에는 후배들을 조직해 이 책으로 세미나를 하기도 했던 것 같다. 〈시민문학론〉〈민족문학 개념의 정립을 위해〉〈역사적 인간과 시적 인간〉과 같은 글은 읽으면서 노트에 핵심 내용을 정리하고 꼼꼼히 이해하고자 애를 썼다.

출판사에 들어온 지 몇 달 만에 백낙청 선생의 새 평론집을 맡아 진행하게 되었다. 본래 문학 쪽 소양을 인정받아 입사한 터라 문학평론집은 특별한 이유가 없는 한 내가 담당해야 할 분야였다. 선생은 문장이 허술함이 없고 정확할뿐더러, 띄어쓰기까지 꼼꼼히 생각하며 원고를 쓰신다. 글씨체마저도 예쁘고 깔끔하다. 그래서 설령 '문학'이라 할 자리에 '문항'이라 씌어 있다 할지라도 그냥 '문학'으로 고쳐서는 안 되고 반드시 필자 본인에게 '문항'이 맞는지 확인을 하고 고쳐야 한다. 조심스럽게 여쭤보면 "어, 틀렸네. 고쳐야지." 하고 너무도 선선히 말씀을 하셔서 허탈할 때도 있었다.

당시는 활판 조판을 하던 시절이라 아무리 필자가

원고를 완벽하게 써와도 그것이 그대로 활자로 바뀌어 나오지는 않았다. 한 글자 한 글자 납활자를 채자하여 식자하는 과정을 거치기 때문에, 요즘처럼 파일 전환하여 조판한 상태와는 달랐다. 초교에서 가장 먼저 하는 작업은 원문과 다름없이 조판이 되어 있는지 초교지를 원문과 대조하여 오탈자를 잡는 일이었다. 이 일이 부실하면 다음 단계에서 아무리 교정을 잘 본다 할지라도 애초의 실수를 잡아내지 못하기 쉽다. 게다가 여기저기 잡지에 발표한 원고들이기 때문에 발표될 때 잘못된 것이 있기도 하고, 책으로 묶기 위해 원고 정리를 하며 가필한 대목들도 있다. 이런 것들을 잘 살펴가며 원고와 대조를 하고, 그다음에는 정독을 하면서 미처 발견하지 못한 오자가 있는지, 문장이나 문맥이 자연스럽지 못하거나 잘못된 곳은 없는지 살폈다.

백낙청 선생은 이번 평론집의 제목을 '민족문학과 세계문학 II'로 붙이겠다고 하셨다. 교정을 보면서 나도 '민족문학과 민중문학' 등 몇 가지를 책 제목으로 생각해보긴 했지만 뚜렷하게 떠오른 제목은 없었다.

그렇지만 'II'라는 표기가 좀 걸렸고 첫 평론집과 다른 제목이면 더 신선할 것 같다는 생각이 들기도 했다. 그다지 순발력이 좋지 않은 나는 다른 제안할 만한 제목도 뚜렷이 없었던 터라 다른 의견을 내지 못하고 선생이 구상하신 제목으로 표제지와 판권 등 부속물을 완성하고 표지 디자인을 진행시켰다.

평론집에 실린 글들은 발표 당시에 내가 대부분 읽었던 글들이어서 교정을 보는 것이 일종의 복습이기도 했지만, 첫 평론집의 몇몇 글들처럼 두 번째 평론집의 4부에 묶은 〈리얼리즘에 관하여〉〈모더니즘에 관하여〉〈모더니즘 논의에 덧붙여〉는 문학도라도 이해하기 쉽지 않은 글이었다. 전문적인 이론을 정교하게 다룬 데 더해 한국문학과 한국정치에 대한 실천적인 관점이 기저에 개입돼 있고, 다분히 형이상학적인 아니 철학적, 변증법적인 사유를 치밀하고도 끈질기게 전개하고 있기 때문이었다. 그렇지만 나로서는 그 사유를 따라가며 이해할 수 있다는 자신감으로 자구 하나하나까지 독해하고자 하면서 교정을 보았다.

뒤표지에 들어가는 책에 대한 소개글은 내가 직접

쓰게 되었다. 어떻게 하면 책 내용을 간결하게 전달하면서 책의 의의를 잘 짚어낼 수 있을지 머리를 싸매고 끙끙거렸다.

백낙청 교수의 세 번째 평론집인 이 책은 현단계 민족문학·민중문화 운동의 수준이 거둘 수 있는 가장 뜻깊고 소중한 창조적 업적으로 기록될 것이다.

6,70년대에 자신이 주도한 《창비》를 중심으로 펼친 민족문학론을 통하여 낙후된 문단과 사회에 경종을 울리면서 이미 한 단계 도약을 성취시킨 저자는 이후 민족·민중 운동의 현장에서 누구도 대신하기 힘든 철저한 이론적 탐구와 줄기찬 현황점검들을 계속해왔다. 제1부의 네 편은 그 구체적 모습으로서 문학운동의 방향에 충실한 길잡이가 되어주는 글들이고, 제2부는 주체적 시각에서 세계문학의 값진 성과들을 선별해 받아들이려는 노력인바 광대무변한 세계문학에 대한 그의 웅혼하면서도 유연한 접근은 독자에게 특히 즐거운 개안을 맛보게 한다. 3부엔 시인·작가론과 강연록 들을 묶었으며, 4부는 리얼리즘 논의이다. 문학의 '순수

주의' 비판에서 한걸음 나아가 민족문학과 민중문학의 변증법적 인식 및 실천 논리를 추구하는 저자의 작업은 새로운 전진을 예고하고 있다.

이 양심적 지성의 진지한 목소리에서 민중의 역사창조력에 힘입어 분단극복과 인간해방의 도정에 나선 우리 동시대인들은 가장 믿음직한 논리를 만나게 된다.
—《민족문학과 세계문학 II》 뒤표지 글

요즘에 나오는 책들의 뒤표지 글이나 띠지 글을 보면 참으로 현란하다. 간혹 빗나간 글이 없는 것은 아니지만, 책의 내용과 가치를 정곡을 찔러 말하면서도 그 말이 참으로 화려하다. 의식적 무의식적으로 독자를 유혹하려고 수사가 발달한 것이 아닐까 싶다. 거기에 비하면 그 시절에는, 그리고 내가 일하던 출판사에서는 순박했다고 할까, 책의 내용 위주로 소개하면서 몇 가지 지향—이를테면 민족·민중·민주—을 드러내 호소하는 수준이었다. 요즘처럼 화려하게 개발된 수사들이 넘쳐나고 빠르게 소비되는 허망한 말의 잔치는 벌어지지 않았다.

백낙청 선생은 내가 쓴 표짓글을 보고 "이구가 구슬프게 읊었네"라고 하셨던 것 같다. 어느 대목을 고치자든가 다시 써보라는 말씀이 없으셔서 통과됐구나 하고 생각했는데, 얼마 뒤에 떠올려보니 흡족하다는 말씀까지는 아니어도 그만하면 됐다는 칭찬이지 않았나 싶었다.

편집자라는 존재의 모순

　편집자의 역할은 여러 가지가 있겠지만, 내가 출판사에 입사했던 80년대엔 일차적으로 교정 사원으로 자리매김되었다. 빨간 볼펜이 유일한 무기인 교정 사원. 교정지에 돼지꼬리 하나나 두 개짜리 교정부호를 표시하고 때로는 길게 선을 빼어 빠진 글자나 고칠 내용을 적어놓는 일이 주 업무고, 두툼한 국어대사전을 가장 믿을 만한 벗으로 끼고 사는 사무직이다. 여름철, 늘상 손에 잡고 있는 볼펜을 습관적으로 돌리다가 셔츠에 여기저기 묻힌 빨간 볼펜 똥은 수더분한 훈장이라고나 할까.

　그런데 편집자가 다루는 것은 기본적으로 글이다.

그것도 대부분 전문가의 글이다. 대학을 나왔어도 그 분야의 전문가라 할 수 없는데, 편집자는 자기 전공 분야도 아닌 분야의 전문가의 글을 다뤄야 한다. '중국 전통문화와 과학'이라니! 게다가 영어와 일어 번역에 때로는 중국 고대 문헌까지 인용되어 있는 글을, 오랜 경험으로 쌓은 대응력이라도 있으면 좋을 텐데 그렇지도 못하면서 그것을 손에 쥐고 주물렀다. 단지 편집자라는 이유로! 내가 《중국 전통문화와 과학》의 교정을 담당한 상황이 그러했다.

편집자는, 교정 사원은 독자들이 읽기 편하게 판면을 잡아주고 오탈자가 없게 하고 맞춤법이 틀린 것을 바로잡으면 되는 것이고, 글의 내용의 영역은 필자의 책임이다. 이렇게 말해도 원칙적으로는 맞는 이야기라고 할 수 있지만, 최종적으로 독자에게 전달될 글의 상태를 결정하는 것은 편집자의 손이며 그에 대한 권한과 책임을 피할 수는 없다. 필자, 편자, 역자들로서는 출판사에 원고를 넘길 때 최대한 모든 점에서 완성된 상태로 원고를 보낼 것이다. 그런 만큼 그 원고를 살필 때는 원칙적으로 그 내용에 관해, 그 문장에 관해, 그 표기에 관해 더 높은 수준에서 접근하지 않는다면 무의미하다는 논리가 성립된다. 설령 중국사를 전공했거나 과학을 전공했다고 해서 《중국 전통문화와 과학》의 편집을 담당할 조건이 갖추어진 것은 아니다. 그 내용에 대해서는 여전히 글의 필자, 역자, 편자보다 전문가일 수 없으며, 그 문장이나 표기에 대해서도 편집자가 일차적으로 전문가이긴 하지만 그 내용을 제대로 파악하지 못한다면 문장이나 표기의 상태 역시 완전하게 포착할 수 없다. 그렇다면 편집자란 애초부터 이렇게 모순된 자리에 서서 '다룰 수 없는 것을 다루는' 존재라고 하겠다.

《민족문학과 세계문학 II》의 경우는 나에게 적합하고 행복한 만남이었다고 할 수 있다. 이전부터 숙독했던 필자의 책을 맡았으니 사전 지식이 풍부하게 갖춰진 상황이었고, 나의 개인적인 문학적 지향도 필자의 이전 책에서 크게 영향을 받았던 터라 내용에 공감하면서 일하는 즐거움도 있었다. 그렇지만 이것은 정확하게 말하자면 독자로서의 행복한 만남일 것이다. 앞에서 말한 이 책 4부의 난해한 글들도 그렇고 다른 글들도 사실 나로서는 읽는 것 자체가 한 걸음 한 걸음의 공부였다. 따라서 우호적인 독자로서는 그다지 나무랄 데가 없지만, 편집자로서는 과연 무엇을 했던 것인가. 역시 어느 부분은 더듬더듬 헤맬 수밖에 없는 상태에서 그럴듯한 책의 꼴을 만들어내고자 했던 것이 아닌가. 표짓글 역시 그 당시 할 수 있는 개인적인 요약과 정리며 평가를 애를 써 적어본 것이지 내가 과연 그 책의 내용을 요약하고 정리하고 평가하여 공공에 내놓을 실력이나 자격이 있었던 것은 아니다.

이처럼 편집자는 모순된 자리에 있다. 때로는 피할 수 있다 해도, 건축에 관한 책도 다루고 인공지능에 관한 책도 다루고 나긋나긋한 에세이도 다루어야 한다. 다룰 수 있는 것보다 다룰 수 없는 것을 다룰 때가 많다. '그래서' 엉터리 책이 나오고, '그렇지만' 좋은 책이 나온다. 이러한 모순된 존재로서 편집자가 할 수 있는 최선은 첫째 '최초의 독자로서 생생하게 읽는' 자신의 체험을 갖고 이를 반영하는 것, 둘째 자신을 믿지 말고 언제나 겸손함을 유지하는 것이다.

(웹매거진 온페이퍼, 2016. 9. 21)

편집자, 보이지 않는 권력

다음 ○× 문제를 찬찬히 읽고 풀어보자.

　내가 편집을 담당한 책의 저자가 머리말에 내 이름을 밝히며 편집 담당자에 대한 감사를 표하면 부담스러워서 슬그머니 그 구절을 뺀다. (　)

　내가 저술한 책의 편집 담당자가 내가 머리말에 쓴 자신에 대한 감사의 말을 슬그머니 삭제하면 그 구절을 되살려 놓는다. (　)

　내가 편집을 담당한 책의 저자가 머리말에 나에 대한 감사의 말을 적어놓은 것을 내가 슬그머니 빼자 되살려 놓으면 다시 그 구절을 삭제하고 저자에게 내 이

름을 넣지 말라고 양해를 구한다. (　)

내가 저술한 책의 편집 담당자가 내가 머리말에 쓴 자신에 대한 감사의 말을 삭제해서 그 구절을 되살려 놓았더니 다시 편집 담당자가 삭제했다면 꼭 넣고 싶으니 빼면 안 된다고 이야기한다. (　)

나는 내가 편집을 담당한 책의 저자가 머리말이나 후기에 나에 대한 감사의 말을 적은 경우 이를 그대로 두었다. 감사 표현이 너무 과하거나 장황하면 간략하게 줄이고는 이렇게 했으면 한다고 하겠지만, 굳이 빼자고 하고 싶지는 않다. 저자들은 성향이 제각각이라 편집자인 내가 고생한 정도에 비례해서 감사 표현을 하거나 하지 않거나 하지는 않는다.

어떤 동료, 후배 편집자는 저자가 머리말이나 후기에 자신의 이름을 들어 감사를 표하는 경우 아예 해당 문장을 빼거나, 이름 대신 '편집부'로 대체해버렸다. 그저 부끄러움 때문일 수도 있고, 월급 받고 일했는데 감사가 과분하다 생각했을 수도 있고, 잘하지도 못했는데 감사의 말을 공개적으로 받기가 민망해서

일 수도 있겠지만 나로서는 그 심리를 잘 이해하지는 못했다. 후배 편집자가 자신에 대한 감사의 말을 빼겠다고 이야기도 하지 않고 슬그머니 뺀 것을 저자가 책이 나온 뒤에 보고 "왜 뺐어?" 하고 가볍게 질책하는 것을 본 적도 있다. 어쩌겠나. 이미 버스 떠난 뒤인데.

내가 초보 편집자일 때는 주로 선배가 담당하는 책의 교정을 지원하는 일을 했다. 입사한 지 얼마 안 돼 곧 나에게도 담당할 책이 주어졌지만 그래도 초보 시절엔 교정 지원 업무가 많았다. 저자 머리말에 편집자로서 처음 등장했을 때는 편집부 선배들과 어울리는 술자리에서 선배들이 "드디어 머리말에 데뷔했네." 하고 축하해주었다. 설레기도 하고 새삼 긴장이 되기도 했다.

요즘엔 판권(간기)에 '편집 아무개' 또는 '책임편집 아무개'라고 편집 담당자를 적는 경우가 종종 보인다. 담당 편집자와 외주 편집자를 함께 적은 경우도 있다. 아마 1990년대 후반부터 2000년대 초반 사이에 이렇게 적는 것이 시작되었지 싶은데, 편집, 디자인, 제작, 마케팅 등 거의 전 분야의 담당자를 적어넣는 출판사도 있다. 그전에는 판권에 저자와 역자, 편자만 이름을 올렸을 뿐이어서 편집자가 판권에 '데뷔'할 일은 없었고, 머리말이나 후기에 '편집부 아무개의 노고에 감사한다' '좋은 책이 나오도록 힘쓴 편집부 아무개' 등으로 '데뷔'했다. 그렇지만 머리말이나 후기의 스타일에 따라서 감사의 말이 전혀 들어가지 않기도 하므로 편집 담당자 이름이 등장할 확률은 높지 않았다.

편집자의 눈으로 작가를 발견하다

소설가 공선옥의 등단작은 중편 〈씨앗불〉이다. 올해 초 나온 《한결같되 날로 새롭게: 창비 50년사》(창비)에 보면 공선옥 작가를 인터뷰한 글(강경석 〈"좋은 소설 많이 쓰세요, 그때 울컥 눈물이 났어요"〉) 중에 〈씨앗불〉 원고 사진이 실려 있다. 그것을 보면 작가가 쓴 원고 위에 제목의 위치를 중앙으로 하라든가 글자 포인트 등을 지정한 조판 지시가 적혀 있다. 내 글씨다. 당시에는 전산 조판으로 전환되었으나 활판 조판 때와 비슷하게, 원고 위에 빨간 볼펜이나 빨간 플러스펜으로 약속된 방식의 조판 지시를 적어넣었다.

투고 당시의 「씨앗불」 원고. 공선옥의 필체와 당시 편집을 맡았던 김이구의 글씨가 눈에 띈다.

다 보셨을 텐데 제가 원고지 쓰는 법 공부를 제대로 못해가지고 애를 좀 많이 쓰셨을 것 같아요. 그후로도 오랫동안 김이구 선생님한테 연락을 받았죠. 그래서 저한테는 김이구 선생님이 굉장히 고마운 분으로 남아 있죠. 그땐 창비 하면 김이구 선생님이 직원의 다인 줄 알았죠.

《한결같되 날로 새롭게: 창비 50년사》(창비 2016), 328면

계간 《창작과비평》이 1988년 봄호로 복간되면서 나는 《창작과비평》 편집을 맡았다. 주로 문학 분야를 담당했는데, 투고 작품 검토도 나에게 떨어진 일이었다. 투고작의 양이 꽤 많아서 매호 시 소설 투고작 검토는 내게 큰 짐이 되었다. 잡지가 나온 직후 한 달여는 여유가 있지만 투고작 검토에 능률이 오르지 않았

다. 투고작 검토를 마무리할 시간이 임박해서야 끙끙대며 본격적으로 읽었다. 찬찬히 정독하고 판단하기에는 절대적으로 시간이 부족했다. 그렇지만 투고한 작가 지망생들의 심정을 생각하면 한두 줄만 읽고 팽개칠 수는 없었다. 때로는 버스를 타고 다니며 읽고 집에 갖고 가서 읽기도 하면서 속독으로라도 다 읽으려 했지만 쉽지 않았다.

투고작들 중에서 발표할 만한 수준이 되는 작품을 추려 편집위원들의 최종 검토를 받아 통과가 되면 '신인투고작품'으로 《창작과비평》지에 실었다. 나야 편집자로서 최종 결정자가 아니므로 웬만큼 수준 있는 작품을 걸러내면 되었다. '뭔가 있는' 작품을 놓치지 않고자 애를 썼다. 〈씨앗불〉은 문방구에서 파는 원고지에 쓰인 작품이었는데, 원고지 쓰는 법이 서툴렀다. 대화 처리나 별행을 잡아 쓰는 방식, 몇몇 띄어쓰기 같은 것이 틀려 있었던가. 1991년 당시는 컴퓨터가 보편화되기 전이긴 했지만 그래도 워드프로세서로 써서 프린트한 원고가 아니라 원고지에 쓴 원고는 점점 줄어들고 있었고, 원고지에 쓰인 투고작은 대부분

고리타분하고 수준이 떨어졌다. 게다가 〈씨앗불〉은 그 문체나 어휘 사용이 통상 매끈하게 잘 쓴 작품에서 보는 것과는 상당히 달랐다. 이렇게 먼저 눈에 띄는 점들만으로도 젖혀놓을 수 있는 원고였다. 그렇지만 뭔가 끌어당기는 힘이 있고 절실함이 전해져서 나는 최종 판단을 편집위원들이 할 수 있도록 이 작품을 발탁했다. 편집위원들은 광주항쟁의 상흔을 다룬 작품의 성격과 가치를 밝은 눈으로 알아보고 신인 작품으로 내보내기로 결정했다.

〈씨앗불〉이 '신인 작품'으로 나가게 된다고 필자에게 연락했다. 공선옥 씨는 어린 두 아이를 안고 걸리고 해서 사무실에 찾아왔다. 나는 작가가 중고등학교를 다녔더라도 제대로 교육을 받지 못한 사람이지 않을까 하는 추측도 했는데, 대학까지 얼마간 다녔다고 했다. 원고지 쓰는 법은 중고등학교에서 배우건만. 그 뒤 나는 그의 첫 창작집 《피어라 수선화》(1994)가 나왔을 때는 어설프나마 작가 사진을 직접 찍어 신문사에 제공하기도 했고, 창비에서 내던 사보 성격의 잡지 《창비문화》에 그를 인터뷰해 글을 쓰기도 했다 (〈역사와 목숨줄에 상처받은 생애들을 끌어안는 공선옥〉,《창비문화》1995년 1·2월호). 너무나 인간적인 삶의 서사, 다른 사람이 쓸 수 없는 오월 광주 얘기와 불우한 서민들의 삶을 날카로움과 해학으로 빼어나게 쓰는 이 작가의 등단작이 편집자인 내 손을 거쳤다.

사실 나는 내가 그 당시 편집자로서 그 작품을 만나지 않았다면 〈씨앗불〉이 묻혔을 거라 생각한다. 증명할 수 없는 일이긴 하지만. 그 뒤에도 나는 오랫동안 편집자로서 투고작을 검토하는 일에 관여했고 작가이자 문학평론가로서 경력을 쌓으면서 신춘문예 심사도 몇 차례 했는데, 지금 그 경험에 비추어보아도 그와 같은 원고 상태, 그와 같이 독특한 스타일의 작품이 선정될 가능성은 거의 없다고 생각된다. 물론 최종적인 판단은 편집위원의 몫이었고 당시《창작과비평》이 지향하던 바, 그리고 당대의 시대적인 분위기가 아니었으면 내가 아무리 그 작품이 좋다고 내세웠던들 통과되었을 리는 없었을 것이다. 그러나 당시 일선 편집자였던 내가 그 작품을 발견해 내놓지 않았으면 〈씨앗불〉은 아예 다음 단계의 판단조차 받아볼 수 없었음은 분명하다. "이런 작품이 틀림없이 투고되었을 거야!" 하고 편집위원들이 원고더미를 뒤져 〈씨앗불〉을 찾아낼 리야 없지 않겠는가. 하긴, 그때 등단 안했어도 실력 있는 작가니까 반드시 빛을 보았겠지만.

편집자는 일선에서 최초로 원고를 접한다. 투고 원고나 청탁 원고 외에 사장이나 편집장을 거쳐 들어오는 것들도 있다. 어쨌든 편집자는 출판사의 일선에서 그 원고를 최초로 읽게 될 가능성이 높다. 편집자가 '이건 아니다' 할 경우 그 원고는 선택되기가 쉽지 않다. 물론 영역별로 전문가의 의견을 들어 판단하는 시스템을 제대로 갖춘 출판사도 있다. 그렇다 해도 편집자가 '이건 아니다'라고 생각하는 원고가 선택되기는 쉽지 않다.

<u>편집자의 권력은 보이지 않는다</u>

내가 담당했던 책 중 나 스스로 표지 디자인이 가장 실망스러운 책으로 꼽는 책은 《내 사촌 별정 우체국장》(1987)이다. 소설가 김만옥 선생의 첫 창작집인 이 책은 작품이 탄탄해서 즐겁게 진행했는데, 표지

시안이 영 마음에 안 들었다. 이리저리 애를 써봤지만 결국 마음에 안 드는 상태로 책을 낼 수밖에 없었다. 사실 내 책임보다 디자이너와 편집장의 책임이 더 큰 것이겠지만 나로서는 이 책을 떠올리면 지금도 작가분에게 미안하기 짝이 없다. 표지가 안 좋아서 제목도 죽고 훌륭한 작품집이 주목을 받지 못한 것만 같다. 당대를 풍미한 일류 북디자이너에게 의뢰해 낸 책의 표지가 내 마음에도 안 들고 외부의 평도 좋지 않은 결과가 나오기도 했는데, 그런 경우도 편집 담당자인 내 탓이다 싶기도 했다. 그런데 표지가 저자, 편집자, 영업부서 모두 마음에 들게 잘 나왔을 때는 내 공이다 하는 생각은 들지 않았다.

황석영 대하소설 《장길산》을 재출간할 때는 외주 편집을 맡은 분이 누락된 원고를 찾아내 보완한 일이 있었다. 교정을 보면서 연결이 부자연스러운 것을 발견하고 한국일보 연재본을 확인해 보니 한 회분 원고가 누락돼 있었다는 거였다. 기존 책의 편집이나 만듦새도 탄탄했지만 작가도 독자도 발견하지 못한 누락된 내용이 있었는데, 편집자의 눈이 그것을 찾아냈다.

편집자가 다루는 것은 원고原稿다. '원原'은 근원이요 시초를 뜻한다. 근원이 되는 글, 시초가 되는 글이 완성된 글로 책에 담겨 독자 손에 닿을 수 있도록 편집자는 여러 가지 역할을 한다. "이 원고는 도저히 안 되겠어!" "저 저자에게 이런 내용의 원고를 받아 꼭 책을 내겠어!" 이와 같이 원고의 사활을 결정하기도 하고, 같은 원고로도 편집자에 따라 아주 다른 책을 만들어낼 수 있다. 간혹 어떤 저자들은 자신과 호흡이 맞는 특정 편집자와만 작업을 하겠다고 제안하기도 한다.

김성동 작가의 소설집 《붉은 단추》의 제목이 모 평론가의 글에 '붉은 고추'로 여러 번 틀리게 적혀 있는 것을 보고 실소를 터뜨린 적이 있다. 설마 평론가가 '붉은 고추'로 썼을까. 원고지에 육필로 쓴 평론을 입력하는 과정에서 흘려 쓴 '단추'를 '고추'로 오인한 것이 아닐까. 교정을 본 편집자가 붉은 건 고추니까 '단추'를 '고추'로 고쳤을까. 필자 교정 단계에서 필자는 왜 틀린 것을 발견하지 못했을까. 필자 교정을 생략한 것은 아닐까. 여러 추정을 해보았지만 정답은 알 수 없었다. 잘못이라면 김성동 작가가 《붉은 단추》라는 소설집을 냈다는 것을 아는 편집자가 담당을 하지 않은 것이 잘못이겠다.

공지영 작가의 소설집 《존재는 눈물을 흘린다》는 꼼꼼한 필자의 글을 꼼꼼한 편집자가 교정을 보아도 '존재는 눈물을 흘리지 않는다'로 졸지에 정반대 뜻의 제목으로 바뀌어 나오기도 한다. 어쩐지 존재는 눈물을 흘리지 않을 것 같은지, 작가가 눈물을 흘리지 않았기를 바라서인지 희한한 현상이다. 같은 해에 조금 앞서 나온 은희경 작가의 소설집 《행복한 사람은 시계를 보지 않는다》의 부정문 형식에 은연중 감염된 것인지도 모른다.

편집자는 '학급의식'(class consciousness, 계급의식)이라는 번역이 그대로 책으로 나오게도 하고, *herstory*를 *history*로 자신만만하게 고쳐놓을 수도 있다. 국립국어원의 표준국어대사전을 철저히 숙지하고 있어 '짜장면'이라 쓰인 것을 '자장면'으로 고치고, '야멸차게'는 '야멸치게'로, '신나는'은 '신 나는'으로 고쳐놓기도 했다. (지금은 '짜장면'과 '야멸차다'도 사전에 등

재되어 복수 표준어가 되었고, '신나다'도 표제어로 등재되었다.) 흔히 쓰는 사투리인데도 사전에 방언으로 올라 있지 않다고 다른 말로 바꿔버린다. 너무 몰라도 탈, 너무 사전에 집착해도 탈이다. 편집자는 말을 있게도 하고 없애기도 하니 이 얼마나 무서운 권력인가.

다시 한 번 ○× 문제를 풀어보자.

내가 편집을 담당한 책의 저자가 머리말에 내 이름을 밝히며 편집 담당자에 대한 감사를 절절하게 표하면 당근! 하고 좋아한다. (　)

나는 간혹 후배 편집자들의 하소연에 농반진반으로 말한다.

"선배님, 아 그 저자분이 그걸 안 고치시겠다고 해요. 꼭 고쳐야 되는데, 흑흑흑."

"아무 말 하지 말고 쓱 고치고 인쇄 걸어뻐라!"

(온페이퍼, 2016. 10. 11)

편집자는 좋은 배우자인가
편집자와 편집증

 편집자는 좋은 배우자인가? 이 질문을 내가 아내에게 한다면 이는 자폭이다. 뭐, 새삼 물어볼 필요가 없다. 이미 명시적 암시적으로 답변을 들어왔으니. "No! No! No!"

 아침에 책상 위에서 최근 배달된 우편물이 눈에 띄어 펼쳐 보았다. 국민건강보험공단에서 보낸 고지서다. 뒷면에도 무슨 안내문이 적혀 있길래 읽어보는데,

 납부마감일을 지나 **보렴료**를 완납한 경우······
 독초고지서에는 전월 납부마감일 기준 지연일수에······

> **연체금 제도개선 주요 변경사항**
>
> ☑ 정기고지서에 납기 후 금액이 표기되지 않습니다.
> 납부마감일을 지나 보렴료를 완납한 경우, 자연일수에 대한 연체금은 다음 달 정기고지서에 포함되어 고지됩니다.
>
> ☑ 지연일수에 따라 매일 연체금이 달라집니다.
> 독초고지서에는 전월 납부마감일 기준 지연일수에 대한 연체금이 고지되며, 납부완료 시 남은 미납 연체금은 다음 달 정기고지서에 포함되어 고지됩니다.

'보렴료'(국민건강보험 고지서)

> 사정기관도 "문제없다" 보고
> 비서실장까지도 1순위 수용 뜻
> "국법법 철패 서명 등 후회 안해
> 정권은 짧고 정의의 역사는 길어"
>
> 하는 짓이다. 나는 교육부 관료가 사기꾼이라고 본다."
> —재판은 어떻게 돼 가고 있나?
> "제가 교육부 장관을 상대로 낸 소송은 원래 벌써 끝났어야 한다. 2심(서울고법) 선고 전날 법원 인사가 있어서 연기됐는데, 그 후에는 아직 재판관조차 선정이 안 됐다. 변호사에 따르면, 이 재판은 제가 무조건 이기게 돼 있다. 왜냐하면 장관이 임명 제청을 거

'국보법철패'(한겨레)

띄어쓰기는 차치하고, '보험료'를 '보렴료'라 적었고 '독촉고지서'를 '독초고지서'라 적었다. 신문을 펼쳐 넘겨보는데,

"국보법 철패 서명 등 후회 안해……"

'국보법 철폐'가 아니고 '철패'란다.

편집자 눈에는 종종 오자誤字들이 위와 같이 진한

글씨로 써서 돋보이게 해놓은 듯, '나 여기 있소!' 하고 발돋움하고 있는 듯 금방 발견된다.

사무실 부근을 산책하다가도 이런 표지판들이 눈에 띈다. 교정을 봐주고 싶다.

오자를 찾아내는 습관이 몸에 배어서일까. 아내가 도마를 쓰고 나서 씻어서 세워놓지 않고 그대로 놔두는 것도 틀린 글자인 것 같아 마뜩치 않고, 과일을 먹고 껍질을 그대로 책상 위에 하루 종일 놔두는 것도 불필요한 디자인인 것 같아 신경에 거슬린다. 오래전

에 마누라한테 잔소리 그만 하자는 원칙을 세웠건만 어느새 나도 모르게 이건 이렇게 해라, 이건 왜 이렇게 했냐 타박이 나온다. 그러다가 자잘한 것만 신경 쓰는 쪼잔한 인간이라 이 모양 이 꼴로 산다고 역공을 당한다.

편집자는 편집증에 걸린다

그래서 '편집자인 나'(그냥 '나'가 아니라)는 아내에게 좋은 배우자가 아닌데, 이를 일반화해서 광야에 외칠 생각은 없다. 또 내가 만난 많은 여성 편집자들은 남편에게 좋은 배우자이거나 좋은 배우자가 될 것이라는 인상을 나에게 남겼다. 실제로 그런지 굳이 여성 편집자를 아내로 둔 남편들을 면담하거나 설문조사를 해서 확인까지 해볼 생각은 없다.

하여튼 편집자 동료들하고 밥 먹으러 음식점에 가면 누구는 메뉴판에서 '낙지볶음'을 '낚지볶음'이나 '낙지복음'이라고 잘못 쓴 것을 찾아내고, 누구는 메뉴판의 '올갱이'가 표준말인지 스마트폰으로 검색을 열심히 해본다. 메뉴판을 꼼꼼히 교정보며 자기 실력에 흐뭇해하다가 '이런 직업병!' 하고 실소하고 만다.

이 정도를 가지고 편집증偏執症이라고까지 딱지 붙일 것은 아니지만, 몰두해서 교정을 보다 보면 물 먹으러 나와서도 쉼표를 넣을지 뺄지 눈앞에 교정지가 아른거리고 지하철을 타고 가다가도 머릿속에서 띠지에 넣을 문안을 이리 고치고 저리 고쳐 보다가 떠오른 문구를 몇 개씩 스마트폰에 적어놓기도 한다. 나는 교정지를 잡으면 대개 자세가 딱 잡히며 집중이 잘되어 술술 읽어 나가는데, 책을 잡으면 오히려 집중이 안 되고 독서 능률이 오르지 않는다.

어떤 편집자는 '편집자는 반드시 글을 고쳐야 한다'는 사명감을 갖고 일하는 듯하다. 이런 편집자는 어떤 글이든 여기저기 많이 손을 대놓는데, 고칠 곳을 놓치고 안 고칠 곳을 고치기도 하고 잘 고친 곳도 있고 이상하게 고친 곳도 있다. 이처럼 종잡을 수 없게 글을 고치는 편집자에게 당해본 필자는 편집자가 자기 글에 손을 대는 것에 엄청난 공포를 느끼게 된다. 그래서 원고를 보내며 토씨 하나 고치지 말라고 단단히 못박아둔다. 자기가 쓴 것이 틀린 데가 있더라도 편집자가 고쳐서 이상하게 되는 것보다 낫다는 판단일 것이다. 그렇지만 이런 의사소통조차 정확히 되지 않기도 해서 불안한 마음에 출판사 사장에게 까지 연락을 해둔다. 이렇게 깐깐한 필자라도 신뢰가 가는 편집자라는 확신이 드는 경우에는 편집자가 제시하는 수정 의견을 경청한다.

내가 잘 아는 한 친구는 자기 원고와 너무 많이 달라져 나온 교정쇄를 보고 깜짝 놀라서 본래 원고대로 출판해 달라고 요구했다가 그렇게 못하겠다는 답변을 듣고 출판사를 옮겨 책을 냈다. 해당 분야에서 좋은 평가를 받은 저작들을 이미 몇 권 낸 저자인데도 출판사에서 많이 손을 댔다는 것은 출판사의 편집 원칙이 일반적으로 그래서 그런 것인지, 하여튼 대단히 과도한 개입으로 보였다.

최소 노동으로 최상의 결과를

편집자는 최소 노동으로 최상의 결과를 얻어야 한다. 하급 편집자는 문장 전체를 뜯어고치는데, 중급 편집자는 문장 절반을 뜯어고친다. 상급 편집자는 지시 대명사 하나를 추가하거나 조사를 바꾸거나 문장 부호 하나를 수정해, 필자의 문체를 그대로 유지하면서도 오문을 바로잡고 의미를 명확하게 한다. 물론 문장 전체를 재정렬하는 게 나을 때도 없진 않다. 편집자가 글에 가한 모든 수정은 원칙적으로 필자의 동의를 얻어야 하지만, 상급 편집자의 수정은 편집자가 실토하지 않는 한 심지어 필자가 수정을 전혀 눈치 채지 못할 정도다.

  글을 고쳐서 좋아지지 않았다면 안 고치는 게 낫다. 고치나 안 고치나 별 차이가 없다면 괜한 수고를 할 필요가 없다. 나는 편집자 초년생일 때, 문장이 문제가 있는 것은 알겠는데 어떻게 고쳐야 할지 답이 잘 안 나와 교정지의 여백을 다 메워가며 이 문장으로 고쳐보고 저 문장으로 고쳐본 적이 많다. 교정을 보아 나가다가 앞서서 해결 안 되었던 문장으로 돌아가고 다시 돌아가고 하면서 끙끙거리기도 했다. 체크해두었다가 필자에게 수정해 달라 해서 해결된다면 간단하지만, 문장력이 부족한 필자들은 고쳐 달라 하면 역시 비슷하게 문제가 있는 문장으로 고쳐놓기 일

쑤다. 근원적으로 내용 파악의 깊이와 내공이 부족하기 때문이다. 문제 있는 문장을 답이 잘 안 나온다 해서 그대로 놓아두고 가는 것은 편집자의 직무유기이니, 글에 대한 책임은 전적으로 필자에게 있다고 하고 넘어갈 수는 없다.

나는 앞선 글에서 편집자라는 존재의 모순성을 이야기했는데, 사실 대가 필자의 글을 초보 편집자가 주물러야 하는 경우도 적지 않으니 그야말로 모순이다. 내 경험으로는 편집자로서 10년이 되었을 때 글을 보는 눈이 다르고, 20년이 되었을 때 또 다르고, 30년이 되었을 때 또 달랐다. 물론 당연히 글을 보는 안목이 총체적으로 깊어지고 최소 노동으로 최상의 결과를 얻을 수 있는 판단력과 기술도 향상되었다. 그러나 연차가 쌓일수록 그에 정비례해서 글을 꿰뚫는 안목이 생기고 실무적으로 글을 고치는 솜씨도 향상된다고 단정할 수 없다. 나 자신도 종합적으로는 나아졌겠지만, 때때로 타협적인 방식을 택하지 않는지, 청년 시절의 날카로움이나 열정은 마모되지 않았는지 돌아보면서 스스로를 경계하고 있다.

편집자는 항상 배우자이다

 어떤 책은 읽다 보면 감탄이 절로 나온다. 문장이 매끄럽고 표기법도 정확하고 이쯤에 이런 도표나 그림이 있었으면 좋겠는데 하면 딱 그 자리에 있다. 읽으면서 생기는 궁금한 점이나 더 얘기해줬으면 하는 점을 어딘가에서는 꼭 짚어준다. 생각지도 못한 것을 꼼꼼히 챙겨 설명해주고, 언젠가는 필요할 듯싶은 보충자료까지 실려 있다. 이는 필자만의 능력도 편집자만의 실력도 아니고 이상적인 협동작업의 결과일 것이다.

 사실 잘 만든 책에서는 편집자가 눈에 띄지 않는다. 편집자가 행사할 수 있는 권력이 충분히 행사됐지만 정작 그 권력의 흔적은 남지 않는다. 겉보기는 번지르르해도 읽다 보면 허술하고 얼버무린 점이 툭툭 튀어나오는 책도 있다. 편집자가 쓰지 않은 권력, 잘못 쓴 권력의 흔적이 오자와 오류, 곳곳의 부조화로 남아 있다.

 편집자는 늘 완성으로 가는 길 위에 있다. 자신이 원하는 책을 담당했든, 위에서 떨어져 내려왔든 자기가 지금 그 책을 담당할 최상의 상태에 와 있지 않다. 심지어는 최악일 때조차 있다. 어쨌든 책을 맡았으면 그 순간부터 그 책을 제대로 편집하는 데 필요한 것들을 챙겨야 한다. 심리적으로도 맡은 책의 분야와 분위기, 정서에 적응해야 한다. 그러나 어떤 책이 됐든 필요한 소양과 적응력은 훨씬 전부터 준비하고 있었어야 한다. 그렇지 않다면 아무리 노력한다 해도 겉보기만 번지르르한 책을 만들 수밖에 없다. 오늘 보는 뉴스 한 줄, EBS 다큐멘터리 한 편, 광화문 광장의 촛불시위에 나가 외친 경험, 몽골 초원에서 본 별빛, 서점 진열대에서 만난 책의 제목……. 그 모든 것이 편집자에게는 자산이다. 그것들을 흘려버리지 말고 맥을 짚고 마음으로 즐기고 뱃속으로 삼켜야 한다. 그런 습관, 집착증이야말로 편집자라면 걸려야 할 편집증編輯症이다.

편집자는 좋은 배우자인가?

편집자는 항상 배우자이다.

우문에 현답이다.

(온페이퍼, 2016. 11. 7)

편집의 시간

활판과 함께 사라진 '돼지 꼬리 하나'

'책 만드는 사람' 하면 누가 떠오르나? 책을 쓰는 저자도 책 만드는 사람이요, 제본소의 접지기에서 인쇄물을 옮기는 외국인 노동자도 책 만드는 사람이다. 책에 들어갈 그림을 그리는 삽화가도 책 만드는 사람이요, 표지에 유광이나 무광 코팅을 하는 라미네이팅 기사도 책 만드는 사람이다. 이런 사람들은 모두 책을 만드는 데 직접 관여하는 사람이고, 넓게는 종이의 원료인 펄프를 만드는 사람이나 책을 인쇄할 수 있는 인쇄 기계를 만드는 사람도 책 만드는 사람이라고 할 수 있을 것이다.

그렇지만 책에 대해 좀 더 아는 사람은 출판사에

다니는 사람, 그중에서도 편집자를 책 만드는 사람으로 본다. 사실 편집자는 저자로부터 원고를 받아 그 원고를 서점에서 팔 수 있는 책의 형태로 만드는 전 과정을 책임지는 프로듀서이고, 편집·교정 등 주요 작업을 직접 자신의 노동을 투여해 수행하는 노동자이므로 책 만드는 사람 중에서도 가장 핵심적인 위치에 있다 할 만하다.

신경숙의 소설에 나오는 시골의 어른들은 '작가'를 '글씨 쓰는 사람'으로 안다. 작가들이나 도회의 '먹물'들은 출판사가 무얼 하는 데인지 대강은 알지만, 시골 어른들은 그렇지 못하다. 20여 년 전, 내가 출판사에 취직을 해서 시골에 갔을 때 동네 어른들에게 출판사에 다닌다고 이야기하면 "그려, 출판사 다닌다구?" 하면서 고개를 끄덕였다. 하지만 다음에 만날 때는 어김없이 "인쇄소 다닌다고 했지?" 하였다. 시골 어른들에게는 출판사=인쇄소였던 것이다. 그 어른들로서는 책이란 건 그냥 찍어내면 되었지, 편집 일이란 게 무언지 또 그런 작업이 필요한지 상상하기가 쉽지 않았던 것이다.

빨간 볼펜과 돼지 꼬리

'빨간 펜' 하면 사람들은 모 학습업체의 브랜드를 떠올리겠지만, 사실 '빨간 펜'(빨간 볼펜)은 편집자의 대명사였다. 요즘은 펜이 다양해져서 '모나미 볼펜' 외에도 사인펜, 포인트펜, 형광펜 등 펜이 다양하지만 1980년대만 해도 볼펜이 대세였고, 볼펜보다 비싼 사인펜 사용이 점차 늘어나는 정도였다.

내가 출판사에 입사한 1980년대 중반에는 일반 단행본 출판은 거의 모두가 활판 인쇄였다. 출판 편집자들은 자신들을 가리켜서 '교정쟁이'라고 자조적으로 부르기도 했는데, 왜냐하면 대부분의 시간을 교정지에 코를 박고 빨간 볼펜으로 교정을 보는 데 보내야 했기 때문이다.

'교정쟁이'의 유일한 무기이자 도구는 '빨간 볼펜'이었으니, 여름에는 흰 남방셔츠에 새빨간 '볼펜 똥'이 묻어 있기 일쑤였다. 교정을 보다가 사인펜 뚜껑을 열어놓은 채 책상에 엎드려 잠이 들면 사인펜의 붉은 잉크가 번져나와 교정지가 벌겋게 되거나 옷자락에 붉은 물이 들어 낭패를 보기도 하였다.

편집자가 빨간 펜을 전가의 보도로 휘두르는 일은 저자(필자)가 써온 원고를 조판에 넘기기 위해 검토할 때부터 시작된다. 아마 중고등학교 때 국어책을 열심히 공부한 사람은 편집자가 아니더라도 교정부호에 대해 알고 있을 것이다.

어색하거나 틀린 문장을 바로잡고 문단을 적절히 나눠주고 글자 포인트를 지정하는 등 조판에 필요한 지시를 원고에 적어넣어 조판소에 보내면, 조판소에서는 지시대로 판을 짜 교정쇄를 보내온다. 이것이 초교 교정쇄이고, 여기에 편집자가 교정을 보는 것이 초교 즉 첫 번째 교정작업이다.

교정부호를 보면 '돼지꼬리 둘'을 그리는 '삭제하기' 부호가 있고,' 돼지꼬리 하나'를 그리는 '글자 바로 하기' 부호가 있다. 편집자는 교정쇄를 읽으며 빼야 할 글자나 어구가 있으면 '돼지 꼬리 둘'을 신나게 그려 넣는다. 여러 가지 교정부호 중 이 '돼지 꼬리 둘'을 시원스럽게 휘날려 그려 넣을 때만큼은 기분이 상쾌하고, 스트레스까지 날아가는 것 같다. '돼지꼬리 하나'는 글자가 물구나무섰거나 옆으로 누워 있으면 똑바로 세워놓으라는 지시로 그려넣는다.

그런데 요즘 21세기의 편집자들은 이 '돼지 꼬리 하나' 부호는 사용하지 않는다. 아마 1990년대 이후 출판사에 입사한 세대는 이런 교정부호가 있다는 것조차 모를 수 있다.

교정부호	기능	교정 전	교정 후
∨	사이띄기	역사적사명을 띠고	역사적 사명을 띠고
⌒	붙이기	조 상의 빛난 얼 을	조상의 빛난 얼을
✄	삭제하기	이 하늘로 땅에 태어났다	이 땅에 태어났다
⌐	줄바꾸기	다시 편집한다. 그리고	다시 편집한다. 그리고
⊃	줄 잇기	태어났다. 조상의 빛난	태어났다. 조상의 빛난
∨	삽입	문서를 작성한 검토하여	작성한 문서를 검토하여
⨳	수정	교정부호를 나타낸다.	교정부호를 나타낸다.
∽	자리 바꾸기	별빛을 바라본다	바라본다 별빛을
⌐	들여쓰기	하늘이 무너져도 솟아날 구멍이 있다.	하늘이 무너져도 솟아날 구멍이 있다.
⌐	내어쓰기	큰 방죽도 개미 구멍 으로 무너진다.	큰 방죽도 개미 구멍 으로 무너진다.
⌐⌐	끌어 내리기	특별 워드프로세서 대비	워드프로세서 특별대비
⌙	끌어 올리기	칼로 배기 를	칼로 를 배기
>	줄 삽입	콩 심은 데 콩 나고 팥 심은 데 팥 난다.	콩 심은 데 콩 나고 팥 심은 데 팥 난다.
✿	원래대로 두기	하늘도 위 아래가 있다.	하늘도 위 아래가 있다.
↻	글자 바로하기	ⓐMERICA	AMERICA

이미지 출처: 다음 카페 '평택대학교 기초작문법'

활판과 함께 사라진 '돼지 꼬리 하나'

활판에서는 '너를 사랑해'라는 글자를 인쇄하려면 활자함에서 '너' '를' '사' '랑' '해'라는 다섯 개의 자모字母를 찾아 이어붙여 놓아야 한다. 자모 '너'는 납 합금 사각 기둥에 '너'라는 글자를 새겨넣은 도장이라고 보면 된다. '너를'과 '사랑해' 사이에는 띄어쓰기가 있으니, 여기에는 글자보다 높이가 약간 낮은 공목(얇은 나뭇조각)을 끼워넣는다.

ⓒ 운영자

'사'와 '랑' 같은 자모는 밑면이 정사각형 모양으로, 글자를 뽑아서(채자採字, 문선文選) 판을 짤(식자植字, 조판組版) 때 좌우로 90도나 반 바퀴 돌아가 결합될 수가 있다. 그러면 이 자모로 찍어놓은 교정쇄에는 글자가 옆으로 눕거나 물구나무서서 박히게 된다. 이를 반듯하게 세워놓으라는 지시가 '돼지 꼬리 하나' 교정부호다. 그러면 조판소의 조판공은 이 지시를 보고 그 자모를 뽑아 돌려서 바르게 세운다.

그런데 요즘은 활판이 사라진 것과 함께 이 '돼지 꼬리 하나' 교정부호를 사용할 기회도 없어졌다. 전산 조판에서는 글자가 눕거나 물구나무설 일이 없기 때문이다. '한글'문서를 작성하거나 인터넷 게시판에 글을 쓸 때 아무리 서둘러 글을 써도 오타는 나올지언정 글자가 자빠지거나 거꾸로 박히는 일이 없는 것과 같은 원리이다.

또 하나 없어진 교정부호가 있으니, 뭉개진 글자를 깨끗한 글자로 바꾸라는 부호가 그것이다. 활판 활자는 납, 아연 등이 들어간 합금으로 만들어졌기 때문에 단단한 것과 부딪히면 획이 뭉개지거나 떨어져 나간다. 이렇게 뭉개진 활자로 찍힌 글자가 있으면, 그 글자 위에 반원을 그리다가 띄어쓰기 표시를 하듯 삐쳐 올리는 교정부호를 그려준다. 뭉개지지 않은 제대로 된 자모로 바꾸라는 표시이다. 전산 조판에서는 이런 식으로 글자가 뭉개질 일이 없으니 이런 부호를 쓸 일도 없어졌다.

<u>활판과 함께 사라진 동판 삽화</u>

요즘은 컴퓨터 프로그램으로 조판을 하니, 글을 많이 고쳐도 컴퓨터 프로그램에서 수정하면 된다. 출력을 해서 교정부호를 써가며 교정을 보기도 하지만, 편집자가 파일에서 직접 원고를 수정하는 경우도 많다. 활판에서는 교정지에 지시된 대로 문선공이 새로 들어갈 글자를 뽑고, 정판공은 그 뽑아놓은 글자를 넣고 삭제 지시된 글자는 빼면서 판을 수정한다. 글을 많이 고칠수록 많은 글자를 뽑아 와야 하고, 그만큼 여러 개의 판을 가져다가 수정하고 다시 옮기는 수고를 해야만 한다. 전산 프로그램에서는 한 줄이 추가되면 자동으로 뒤의 문장들이 밀려서 정리가 되지만, 활판에서는 한 줄이 추가되면 그 뒤의 활자들을 한 페이지든 백 페이지든 일일이 손으로 옮겨가며 판을 수정해야만 한다.

활판에서는 그림이나 사진을 동판(구리판)으로 인쇄한다. 책에 들어갈 삽화 원고를 크기를 지정해 동판집으로 보내면, 삽화를 인쇄할 수 있는 동판이 제작되어서 온다. 이 동판을, 짜놓은 판의 그림이 들어

자모를 가나다순으로 배열한 활자선반의 모습-파주출판도시 '활판공방'
ⓒ 김이구

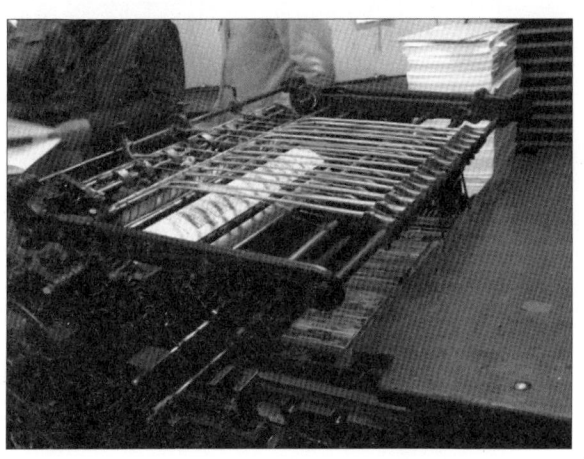

파주출판도시 '활판공방'에 보존된 활판 인쇄기 ⓒ 김이구

갈 자리에 얹어서 지형을 뜬다. 이 지형에 납을 부어 만든 것이 연판鉛版인데, 대개는 이렇게 연판을 만들어 인쇄한다.

전산 조판에서는 삽화를 스캔해서 프로그램에서 삽화가 들어갈 자리에 삽입한다. 그림이나 사진의 해상도를 높일 수 있으므로 선명하게 인쇄된다. 동판으로 인쇄한 그림이나 사진은 그보다 훨씬 거칠고 투박하다. 흑백으로 인쇄되므로 그림은 흑백으로 그려야 하고, 섬세한 터치보다 명암을 분명하게 처리해야 했다.

동판으로 인쇄한 활판 삽화

이노키 마사후미, 《현대 물리학 입문》, 전파과학사 1973.

책 만드는 전선에서 빨간 볼펜을 유일한 무기로 분투한 것이 1980년대 이전의 편집자였다면, 21세기의 편집자는 키보드와 마우스를 무기로 책을 만든다. 그때나 지금이나 편집자에게 눈이 가장 소중한 보배이기는 마찬가지다. 가장 혹사하는 신체 기관도 당근 눈이고.

《대산문화》 2011년 여름호)

판권, 책의 또 다른 표정

1

잘 알고 지내는 후배 소설가의 창작집 출간을 돕느라, 후배가 건네준 교정지를 훑어보았다. 판권란에 "2010년 4월 1일 초판 1쇄 찍음／2010년 4월 7일 초판 1쇄 펴냄"이라고 적혀 있었다. 인쇄일과 발행일을 밝힌 것인데, '굳이 인쇄일을 판권에 넣어야 하나?' 하는 생각이 들었다. 인쇄일과 발행일 간의 간격은 6일로 되어 있다.

그래서 서가에서 책을 우선 한 권 꺼내 판권면을 보았다.

표기 방식은 약간 다르지만 《현대 정치철학의 모

《현대 정치철학의 모험》(도서출판 난장) 판권면 © 윤영자

험》이라는 난장 출판사에서 나온 책도 인쇄일과 발행일을 밝히고 있다. 여기는 발행일을 인쇄일에서 7일 뒤로 표시하였다.

그렇다면 책을 '인쇄'하고 '발행'하기까지 대략 6~7일 걸린다는 걸까? '발행'이란 뭘까? 아마 '발행'이란 공식적으로 책을 세상에 내놓는 것을 말할 것이다. 출판쟁이들은 '책을 서점에 깐다('깔다'의 현재형)'고 말한다.

책을 만드는 과정에는 교정, 편집, 인쇄, 제본, 포장 등 여러 과정이 있는데 왜 굳이 '인쇄일'만 적어야 할까? 굳이 한 가지를 적는다면 텍스트-내용을 종이에 박아주는 '인쇄'를 적는 게 타당성이 있을 듯하긴 하다.

하여튼 나의 출판사 근무 경험으로 보면, 책을 인쇄하고 표지를 입혀 제본해서 완성품을 입고시키기까지는 대략 3,4일에서 6,7일 정도 걸린다. 그래서 아마 발행일을 인쇄일과 일주일 정도 간격을 두어 표시했나보다. 이것은 통상적인 제작 기일이고, 양장 제본 등으로 제작 공정이 복잡하거나, 중간에 휴일이 들어 있거나, 페이지 수가 아주 많거나 부수가 아주 많거나 하면 기간이 더 길어질 수도 있다.

옛날에는 어떻게 적었을까? 궁금해서 만해 한용운 시집 《님의 침묵》을 꺼내 보았다.

이키! 타이쇼오大正 15년 5월 15일 인쇄—식민지의 아픔이 그대로 찍혀 있다. 일본 연호를 사용하고 있으니. 발행일은 5월 20일로 인쇄일과 5일의 시차를 두었다. 정가는 1원 50전. 발행소는 경성부 남대문통 1정목 17번지에 있는 회동서관이다. (판권 앞면에 있는 한용운의 후기 '독자에게'에는 일본 연호를 쓰지 않고 "을축 8월 29일 밤"이라 적혀 있다. 을축년은 서력으로 1925년이다.)

《님의 침묵》이 나온 해가 1926년이니, 인쇄일과 발

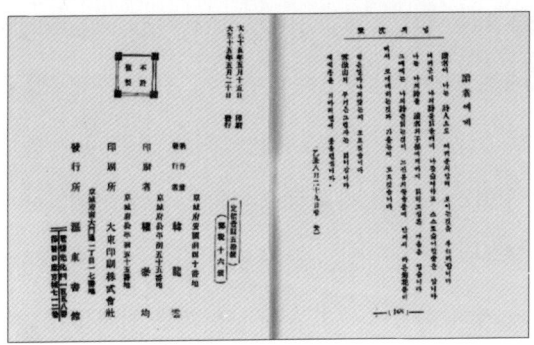

《님의 침묵》(희동서관) 판권면 ⓒ 운영자

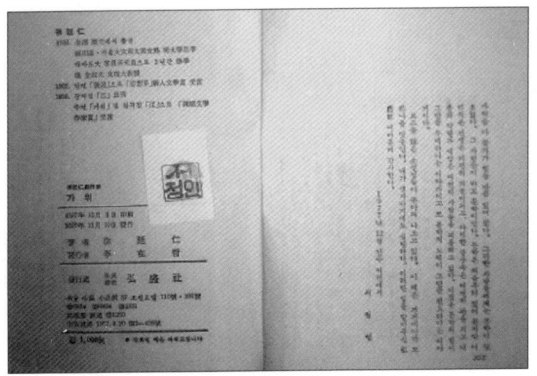

《가위》(홍성사) 판권면 ⓒ 운영자

행일을 판권에 적어온 역사는 매우 오래다. 당시 법적인 요건을 충족하기 위해서일 수도 있겠다.

그 아래는 1977년에 나온 서정인 소설집 《가위》의 판권면이다. 이때에도 《님의 침묵》과 같이 본문 편집을 세로짜기로 하고 있음을 볼 수 있다. 이 책의 본문에는 한자가 노출되지 않았는데, 작품들 제목은 한자를 노출해 표기했고, 판권 앞면에 있는 '후기'를 보면 출판사 이름을 적을 때만 한자로 썼다. 판권란엔 대부분 한자를 노출했는데, 본문과 달리 가로짜기다. 그리고 작가 이름이 새겨진 도장을 찍은 인지를 붙였다. 1977년 12월 5일 인쇄, 12월 10일 발행으로 되어 있다. 책값은 1000원, 와아~ 싸다. 지금 돈으로 치면 얼마쯤? 누가 내게 1000원 줄 테니 팔아라, 하면 절대 안 판다.

2

1980년대에 나온 책을 더 보자.

칼 마르크스의 《경제학·철학 수고》의 번역본이다. 이때 '수고'는 "자네 참 수고했네"의 그 '수고'가 아니다. *Manuskripte, manuscript*의 그 '수고手稿'다. 이 책은 8월 20일 인쇄, 9월 1일 발행이니 12일 간격을 두어 발행일을 적었다. 책값 2500원, 역시 싸다. 두꺼운 책은 아니지만, 요즘 같으면 1만원 이상 할 것 같다.

> 경제학·철학 수고
>
> 지은이/칼 마르크스 옮긴이/김 태경
>
> 펴낸이/유 재현
>
> 펴낸곳/도서출판 이론과실천
>
> 초판 인쇄/1987년 8월 20일
> 초판 발행/1987년 9월 1일
>
> 주소/서울시 충정로 2가 69-18
> 등록/서울시 제14-4호(1963.1.11)
> 전화/(02) 313-0388
>
> 값 2,500원
>
> *잘못된 책은 바꾸어 드립니다.

《경제학·철학 수고》(이론과실천) 판권면 © 운영자

> 마르크스·생애와 사상
>
> 알기쉬운 오월의 책 ①
> 리우스의 현대사상학교 ①
>
> 1987년 12월 26일 인쇄
> 1988년 1월 15일 발행
>
> 지은이:리 우 스
> 옮긴이:이 동 민
> 펴낸이:김 제 완
> 펴낸곳:도서출판 오월
>
> 주소: 서울시 마포구 신수동 387-3
> 전화: 718-4582
> 등록: 제10-159호(1987.12.3)
>
> 값 2,000원

《마르크스 생애와 사상》(오월) 판권면 © 운영자

그 아래 판권을 보면 12월 26일 인쇄, 1월 15일 발행이니 20일이나 간격을 두었다. 연말에 나오게 된 책은 이처럼 발행일을 새해로 적는 경우가 많고, 12월에서점에 내놓았더라도 인쇄일과 발행일을 다음 해로 넘겨 적기도 한다. 책을 내자마자 작년 구간이 되는 걸 방지하기 위해서다.

앞의 두 책은 판금 서적은 아니었던 것으로 기억하는데, 만약 1986년 이전에 나왔다면 판매금지가 되었을 법한 책이다. 하나는 마르크스의 저술이고, 하나는 마르크스를 대중적으로 소개하는 책이니 말이다. 출판 시기를 보면 1987년 민주화의 진전 이후에 나온 책이다.

이른바 빨갱이 사상 즉 마르크스-레닌주의의 원조인 칼 마르크스의 저작과 그에 관한 저술들은 70년대 중후반부터 조금씩 나오기 시작해, 마르크스의 저작 번역이 공개적으로 활발히 출판된 것은 아마 이 무렵부터였지 싶다.

그런데 박정희, 전두환 독재 시대에는 납본 제도가 출판 탄압에 악용되었다. 신간을 간행하면 당시 문화공보부에 납본을 해야 했고, 납본을 마쳤다는 납본 필증이 나오기까지의 기간이 14일인가 15일이었다. 그래서 80년대 중반 내가 출판사 근무를 시작할 때는 인쇄일과 발행일 간격을 15일로 하라고 선배들에게서 배웠고, 한동안은 판권에 그렇게 날짜를 박았다. 4월 10일 인쇄, 4월 25일 발행 이런 식으로 말이다. 인쇄해서

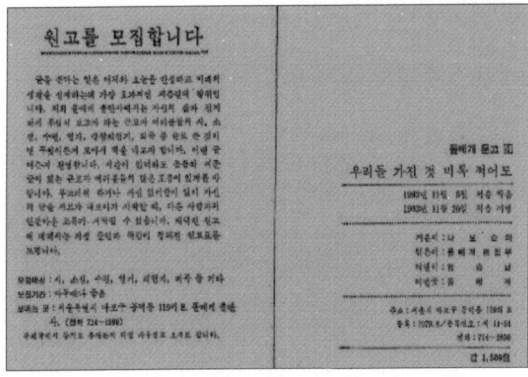

《우리들 가진 것 비록 적어도》(돌베개) 판권면 외 ⓒ 운영자

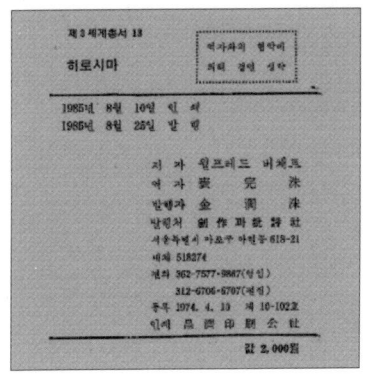

《히로시마》(창작과비평사) 판권면 ⓒ 운영자

납본하고 필증을 받은 뒤 발행했다는 논리였지 싶다.

내가 출판사 편집사원으로 근무를 시작한 것이 1984년 11월이니, 앞의 두 책은 그전 해와 그다음 해에 나온 책이다. 돌베개문고로 나온 《우리들 가진 것 비록 적어도》의 판권면 앞에는 원고 모집 안내문이 있는데, 노동자의 삶을 표현한 창작 원고와 노동자의 체험을 담은 생활글을 모집하고 있다. 노동자들의 글쓰기로 노동자의 각성과 문학의 갱신을 이루고자 한 당시의 분위기를 엿볼 수 있다.

앞의 두 책의 판권을 보면 인쇄일과 발행일의 간격이 정확히 15일이다. 하지만 발행일을 인쇄일에서 15일 뒤로 했다고 해서 책을 다 만들어놓고 발행일까지 기다렸다가 출고하는 일은 없었다.

신간을 내면 문화공보부에 직접 납본을 하는 것이 아니고, 사간동에 있는 대한출판문화협회에서 접수하였다. 납본 부수가 몇 권이었는지 정확히 기억은 안 나는데, 이 책들은 국립중앙도서관으로 가고 정보기관의 검열용으로도 사용되었을 것이다. 납본을 하면 납본을 했다는 증서인 납본 필증이 당연히 나와야 하는데, 행정상의 절차로 발행하는 일종의 영수증인 이 증서를 발행해주지 않으면서 책을 팔지 못하도록 압박하는 일이 있었다. 납본 제도가 독재 정권의 입맛에 거슬리는 출판물을 제재하는 수단으로 악용되었던 것이다.

3

다음 책을 보자. 화제가 된 김용철 변호사의 《삼성을 생각한다》이다. 엇, 6일 만에 무려 4쇄를 찍었네. 2월 19일 초판 1쇄 인쇄, 2월 25일 초판 4쇄 발행이라고 되어 있으니.

> **삼성을 생각한다**
>
> 2010년 2월 19일 초판 1쇄 인쇄
> 2010년 2월 25일 초판 4쇄 발행
>
> 글쓴이 김용철
> 펴낸이 윤철호
> 펴낸곳 (주)사회평론
>
> 편 집 김태균·김현희
> 마케팅 이승필·백미숙
>
> 등록번호 제10-876호(1993년 10월 6일)

《삼성을 생각하다》(사회평론) 판권면 ⓒ 운영자

초판 인쇄일은 있는데 발행일이 없다. 4쇄 발행일이 적힌 4쇄본인데, 1쇄 발행일을 표시하지 않고 1쇄 인쇄일을 적었다. 책의 출판일은 인쇄일을 기준으로 하지 않고 발행일을 기준으로 하니, 이런 경우 1쇄 발행일을 적는 것이 옳다.

1980년대까지만 해도 출판계와 독서계에 판과 쇄의 구분 의식이 명확하지 않아, 실질적으로 2쇄인데도 '재판 발행'이라고 표시하고 3쇄인데도 '3판 발행'이라고 표시하는 경우가 많았다. 문인들끼리 만나면 "네 책 재판 찍었니?" 이렇게 물었는데, 이때 '재판'은 사실상은 '2쇄'를 가리키는 말이었다.

그러나 지금은 대부분 초판 발행 때부터 아예 '초판 1쇄 발행' 또는 '제1판 1쇄 발행' 식으로 쓰는 출판사들이 많다. 초판 1쇄로 끝나지 않으리라는 자신감에서? 아무튼 판과 쇄의 개념을 명확히 해서 책의 이력을 밝히게 된 것은 바람직한 일이다.

다음은 《거대한 전환》 번역본의 판권면이다. 세계적으로 신자유주의의 병폐가 드러나면서 눈길을 끌고 있는, 시장을 보는 다른 관점을 보여준 칼 폴라니

> **거대한 전환**
>
> 2009년 6월 30일 제1판 제1쇄 발행
> 2009년 7월 31일 제1판 제2쇄 발행
>
> 2009년 12월 10일 제1판 제3쇄 인쇄
> 2009년 12월 20일 제1판 제3쇄 발행
>
> 지은이 | 칼 폴라니
> 옮긴이 | 홍기빈
> 펴낸이 | 박우정
>
> 기획 | 이승우
> 편집 | 김춘길
> 전산 | 김정인
>
> 펴낸곳 | 도서출판 길

《거대한 전환》(도서출판 길) 판권면 ⓒ 운영자

《끝나지 않는 전시》(삶이 보이는 창) 판권면 ⓒ 운영자

의 명저다. 무척 두꺼운 책이고 책값이 4만원에 육박하는데, 반년 만에 3쇄를 발행했으니 대단하다. 우리 독자들의 수준이 대단하다.

판권에는 보통 초판 발행일과 최종쇄 발행일을 적는데, 여기서는 각 쇄 발행일을 모두 적었다. 3쇄 인쇄일과 발행일을 함께 적었는데, 사실 3쇄 인쇄일 정보

는 굳이 기록할 의미가 있는 정보도 아니요 독자들에게 필요한 정보도 아니니 생략하는 것이 좋다.

그 아래는 용산 참사 현장을 중심으로 1년간 뜨겁게 현장 활동을 했던 미술가들이 작업한 것을 기록한 사진집《끝나지 않는 전시》의 판권이다.

판권의 편집 형태는 앞에서 본 것 같은 형식을 조금씩 변형해 사용하는 것이 일반적이지만, 디자인 요소에 따라 이처럼 좀 특이한 방식을 택하기도 한다. 판권의 위치도 책 끝에 놓던 관습이 90년대부터 바뀌기 시작해 요즘은 대개 속표지 바로 뒤에 배치한다.

여기엔 초판 인쇄일은 적혀 있지 않고 발행일만 나와 있다. 요즘 나온 책들을 펼쳐보라. 인쇄일과 발행일을 함께 적은 책도 있지만, 대부분 발행일만 적었다. 인쇄일을 적는 관행은 일제시대부터 내려온 지난 시대의 유습일 따름이다.

4

판권의 인쇄일과 발행일은 실제 인쇄일과 발행일에 일치할까? 그렇지 않다. 맞지 않는 경우가 정확히 맞는 경우보다 훨씬 많을 것이다.

책의 편집자가 판권의 인쇄일과 발행일을 편집 작업의 최종 마무리 때에 확정한다고 해도 인쇄일과 발행일을 딱 맞출 수는 없다. 출력실에서 필름을 출력하고 필름 교정을 본 후, 인쇄소로 필름을 넘긴다. 인쇄소에서 판을 굽고 인쇄기에 걸어 인쇄한 후 제본소로 넘긴다. 제본소에서 접지 등 성책 과정을 거친다. 이런 과정으로 여러 업체를 거쳐 책이 만들어지니, 예정한 날짜에 딱딱 맞게 진행되지 않는 게 어쩌면 당연하다. 따라서 대개 일주일 이내의 오차는 발생하게 마련이다.

회갑이나 정년퇴임 등 무슨 기념일에 맞춰 출간하는 경우는 그 기념일을 발행일로 적기도 한다. 잡지 같은 경우 실제 나오는 날짜와 관계없이 매월 1일이라든가 5일이라든가 하는 식으로 발행일을 딱 정해서 표시하기도 한다.

또 학술지 등은 다소 출간이 늦더라도 책이 나와야 하는 시기가 있기 때문에 발행일을 앞당겨 책이 나와야 하는 기일에 맞추기도 한다.

책의 표지는 책의 얼굴이다. 책의 판권도 책의 또 하나의 얼굴이다. 책의 지문指紋이기도 하다.

간기刊記라고 하는 판권란의 기록. 오랜 세월이 지났을 때 책의 출생과 이력을 확인하는 수단으로 간기는 가장 기본적이고 신뢰할 만한 것이 된다. 그래서 간기는 정확히 기록되고 필수적인 사항은 빠짐이 없어야겠다. 외국 책을 보면 판과 쇄, 발행일을 세세하게 기록하지 않는 나라도 많은데, 출판 시기를 확인할 필요가 있을 때는 참 곤란해진다.

그런데 간기에 나타난 쇄수와 책의 총 발행 부수는 비례할까? 그렇지 않다. 가령 같은 3쇄라 해도 발행 부수는 천차만별이다.

대형 베스트셀러 작가의 경우 초판을 3~5만부 찍는다고 보면, 3쇄면 총 5만~10만부가 된다. 보통의 작가가 소설을 출판했다면 초판 3천부에 2,3쇄 각 1천부 해서 5천부를 발행했다고 볼 수 있다. 그게 다 독자의 손에 들어간 것은 아니고, 그만큼 제작해서 서점에 나가고 일부는 창고에 재고로 대기 중이라는 거다. 3쇄 5천부라면 결코 나쁜 성적이 아니다. 시집이라면 초판 1000부에 2,3쇄 각 500부씩 찍었을 수도 있다. 따라서 같은 3쇄라도 10만부도 될 수 있고, 2000부 또는 그 이하도 될 수 있다.

쇄수는 그 책을 인쇄한 횟수일 뿐이고, 쇄수가 같아도 발행 부수는 각기 다르다. 중국의 경우는 판권에 발행 부수를 적고 있으므로 판권을 통해 발행 부수를 알 수 있다. 그러나 비공식적으로 찍어 판매하는 경우도 있다고 하니, 그 숫자가 실발행 부수와 늘 일치하는 숫자는 아닐 것이다.

그런데 일종의 마케팅 기법으로 쇄수를 늘리는 경우가 있다. 언제부터 시작됐는지는 모르겠는데, 이미 80년대 후반에도 대중적인 베스트셀러를 주로 기획 출판하는 출판사에서는 그렇게 쇄수를 조정해 찍는다는 이야기가 출판계에 돌았다. 가령 책이 잘 팔려 나가서 2쇄에 3만부를 더 찍게 되었다면, 이때 쇄를 나눠서 찍는다는 것이다. 실제 나눠서 찍는 것은 아니고, 한번에 찍으면서 판권 페이지만 인쇄판을 바꿔서 쇄수를 늘리는 방식이다. 그러면 2쇄 1만부, 3쇄 2만부 이런 식으로 해서 제작 부수는 같지만 쇄수가 늘어나게 된다. 독자들은 책이 나온 지 얼마 안 됐는데도 벌써 3쇄 또는 그 이상 발행된 책을 사게 되고 그만큼 책이 반응이 좋은 것을 실감할 수 있다. 수십만 부가 나간 어떤 베스트셀러는 1만부 단위로 쇄를 바꿔 표시했다는 얘기도 있었다.

90년대 초던가 서점에서 그때 한창 잘 나가는 베스트셀러를 들춰보다 판권을 보고 놀란 적이 있다. 출간된 지 3년이 채 안 된 책인데, 벌써 백몇 쇄를 찍은 것으로 되어 있었다. 보통 한번 찍을 때 3~6개월 이상 판매할 부수를 예상해서 찍기 때문에, 아무리 예측보다 책이 잘 팔려나갔다 해도 그렇게 찍었을 리가 없는 허수虛數였다. 하지만 언론에 집중 노출되거나 법정 스님의 입적과 같이 어떤 계기로 한창 바람을 탈 때는 오전에 제작 발주한 책을 몇 시간 만에 다시 발주를 내기도 하고, 제작 부수가 많거나 인쇄소 사정이 여의치 않으면 불가피하게 쇄를 나눠서 찍기도 하니 이런 경우 단기간에 쇄수가 많이 늘어난다. 더러는 오류 수정의 필요 때문에 증쇄하기도 한다.

오랜 기간을 두고 100쇄, 200쇄 쇄를 거듭한 책은 그만큼 대중 독자가 많이 찾고 생명력이 긴 책임에 틀림없다. 그 쇄수는 단순한 기호가 아니라 수많은 독자와 책이 교감해온 아름다운 증표요, 독자가 책에 선사한 영예로운 훈장이다. 하지만 다른 경우 100쇄니 200쇄니 하는 숫자가 실제로 의미있는 간격을 두고 거듭 찍은 것만을 의미하는 정확한 실수實數가 아닐 수도 있다.

누가 수십 년 후에 어느 책의 출판 이력을 연구한다면 분명 판권란을 유심히 볼 것이다. 만약 그가 순진하게 판권의 기록을 곧이곧대로 읽는다면 당시의 출판 실상과는 괴리가 생길 수 있다.

판권, 그것은 사실의 기록이기도 하지만 상황의 기록이기도 한, 책의 또 다른 표정이다.

《대산문화》 2010년 여름호)

'읽을 수 없는 고전'에서 '읽을 수 있는 고전'으로
'재미있다! 우리 고전' 기획과 고전소설의 생명력

1

고전에 대한 여러 정의가 있겠지만, 나는 고전은 우선 '읽을 수 없는 책' 또는 약간 물러서서, '읽기 매우 어려운 책'이라는 생각이 든다. 좀 더 부연하자면 '읽을 수 없는 책인데도 저 꼭대기에서 누군가가 자꾸 읽으라고 요구하는 책'이라고 해도 되겠다.

나는 평균적인 시민보다 독서력이 조금은 높을 듯한데, 내가 이럴진대 다른 사람들은 겉으로는 그런 척하지 않아도 '고전' 하면 더 머리가 아플 듯싶다. 물론 어떤 아주 특이한 사람들은 그렇지 않고 고전을 꽤 잘 읽어낸다는 것을 알고 있다.

고전은 일차적으로 언어적 난점 때문에 읽기 어렵다. 한문이나 근대 이전 문장으로 되어 있기에, 원문이나 원문에 유사한 형태인 고전은 읽을 수 없다. 다음으로는 내용상의 난점 때문에 거의 읽을 수 없다. 가령 신문 기사를 읽거나 현대소설을 읽을 때와는 달리 전개되는 내용에 대한 배경 지식이나 관련 정보를 거의 습득하지 못한 상태이기 때문에 읽기가 매우 어렵다. 어린이에게는 이런 두 가지 난점이 더욱 극심하다. 번역이나 주석서註釋書, 해설서 등 고전을 현대에 다시 출간하는 갖가지 방식은 이런 두 가지 난점을 해소하는 데 우선 초점이 맞춰진 것이다.

2

내가 어린이가 읽는 고전 시리즈 '재미있다! 우리 고전'(창비, 2003~2008)을 기획할 때 중요하게 생각한 것은 두 가지였다. 첫째, 어린이가 읽을 수 있는 고전을 만들자. 둘째, 읽고 나서 고전을 읽었다고 말할 수 있도록 하자.

'어린이가 읽을 수 있는' 고전은 사실 많이 나와 있

었다. 한국의 대표적인 고전소설 〈홍길동전〉의 경우 2000년 무렵에 12가지 정도가 어린이책으로 유통되고 있었다. 딱 보아도 조잡하거나 아예 만화로 구성한 책도 있었다. 이들 중에는 아주 잘 팔리는 축에 드는 책도 있었다. 그런데 이 책들 중에서 읽고 나서 과연 〈홍길동전〉을 읽었다고 말할 수 있는 책이 있는가, 질문했을 때 나 스스로 답해본 결과는 '아니오'(no)였다. 신뢰도가 낮은 집필자, 불투명한 텍스트 생산 과정, 과도한 각색, 만화 같은 2차적 저작물인 경우 등으로 정작 〈홍길동전〉을 읽었다고 할 수는 없겠다는 판단이었다. 그렇다면 '어린이가 읽을 수 있다'는 것도 무의미했다. 왜냐하면 〈홍길동전〉을 읽은 것이 아니니까.

그래서 '어린이가 읽을 수 있어야 한다' '읽고 나서 그 고전 타이틀을 읽었다고 말할 수 있어야 한다'는 두 가지 목표를 갖고, 다음과 같은 과정으로 기획을 추진하였다.

(1) 고전문학 연구자 의견 청취

기획의 대략적인 그림은 내 머릿속에 있었지만, 과

연 고전을 어떤 범위에서 어느 정도까지 어린이책으로 수용할 수 있을지 전문가의 의견을 듣고 싶었다. 고전문학을 깊이 연구한 학자를 찾아가 이야기를 나눈 결과 내가 구상한 범위보다 훨씬 더 많은 텍스트를 추천하였다. 그래서 고전소설을 중심으로 수십 권의 시리즈를 구성할 수 있겠다는 확신을 얻었다.

(2) 외부 기획자와의 결합

기획과 진행을 함께할 조력자가 필요해서 한국문학을 전공한, 시인이자 출판편집 경험이 있는 기획위원을 발탁했다. 나와 창비에서 함께 근무한 경험이 있고 동화도 집필한 작가이기 때문에 충분히 신뢰할 수 있었다. 그와 기획의 세부적인 방향을 논의하고, 고전 작품 선정, 자료의 취사선택, 집필의 구체적인 방향, 원고 검토와 수정에 대해서 긴밀히 협의하였으며, 실제로 주요한 부분은 그가 맡아 주도적으로 추진하도록 하였다. '재미있다! 우리 고전'이 기획 방향대로 추진되어 구체적인 결과를 성공적으로 낼 수 있었던 데는 이 외부 기획자의 역할이 컸다.

(3) 집필자 선정

'구슬이 서 말이라도 꿰어야 보배'라는 속담이 있다. 기획 방향이 잘 잡혀도 이를 소화해서 집필을 해줄 작가가 없다면 책이 나올 수 없다. 일차적으로 선정한 타이틀이 〈홍길동전〉〈토끼전〉〈심청전〉〈춘향전〉 등 널리 알려진 고전소설들이므로 이를 어린이 서사로 옮겨 쓸 수 있는 작가를 물색했다. 어린이 독자의 수준에 맞추어 스토리를 재구성하고, 원전의 문체를 수용해서 이를 자신의 문체로 소화해 써야 하기 때문에 뚜렷한 작품성과가 있는 실력 있는 소설가가 일차 후보가 되었다. 창비는 문학작품을 주로 출판하고 어린이책을 출판한 지도 당시 20여 년이 되었던 만큼 작가에 대한 구체적인 정보를 많이 갖고 있었다. 그래서 젊은 소설가들과 어린이책 집필 작가 중에서 우선적으로 이 작업을 맡아줄 사람을 찾았다.

(4) 집필 방향과 집필 과정

읽고 나서 고전을 읽었다고 할 수 있으려면, 그 책은 고전의 기본 줄거리와 표현상의 특징, 작품이 담고 있는 의미를 그대로 전달해야 한다. 그러면서도 어린이가 흥미롭게 읽을 수 있어야 하기 때문에 줄거리가 긴 경우는 축약해야 하고, 어린이 독자 수준에 걸맞은 쉬운 언어와 문체로 서술해야 한다. 그래서 서술 방침은 작품의 기본 줄거리를 유지하고, 언어와 표현상의 특징을 가능한 한 살리고, 현대적인 해석과 주관적인 해석을 배제하는 것으로 정하였다.

시리즈에 포함하기로 한 고전소설 중에는 한문소설과 일부 작품을 제외하고는 현대의 개인 창작과 달리 이본異本이 여러 종이 있는 작품이 많았다. 이런 경우는 학계의 연구 결과를 참고해서 주요한 2~3종의 대본을 선정하여 이를 토대로 이야기를 구성하도록 하였다.

각 타이틀별로 원본 텍스트 상태에 따라 집필 방식을 어떻게 할지 구체적으로 정한 다음, 작가에게 집필 의뢰를 하면서 필요한 경우 이를 조정하였다. 1차 원고가 나온 뒤에는 기획위원과 담당 편집자가 검토하여 작가에게 수정 의견을 제시하고, 이에 따라 원고 수정이 진행되었다. 원고의 난이도, 가독성을 고려하고 좀 더 정확한 문장과 유려한 문장으로 서술하기 위해 대개 2차 이상의 원고 수정이 이루어졌다.

(5) 일러스트레이션

어린이책 일러스트레이션은 어린이 독자에게 독서의 흥미를 유발할 수 있는 요소로 매우 중요하다. 어린이 독자가 고전을 읽는 데 집중할 수 있고 고전을 품위 있게 느낄 수 있게 하는 방향으로 일러스트레이션을 기획하였다. 정보책이 아니라 픽션이므로, 인물에 중심을 두어 주요 장면을 인상적으로 묘사하는 데 중점을 두었다. 역량 있는 어린이책 그림 작가가 많아졌고, 회사의 어린이책 편집 담당자와 디자이너가 그림 작가에 대한 상당한 정보를 갖고 있어서 각 작품별로 스타일이 다른 그림을 그려줄 작가를 찾을 수 있었다.

목판화가 들어간 〈토끼전〉의 경우, 그림 작가의 구상이 끝나고 밑그림이 대부분 나온 뒤에 목판 작업을 마무리하는 과정에서 2주 이상 그림 작가의 작업실을 매일 직접 방문하여 독려하기도 하였다. 대체로 담당 편집자가 그림 작가와 원활히 소통하여, 작품별로 방향을 잡고 그에 걸맞은 일러스트레이션을 확보할 수 있었다.

(6) 원고 수정

집필 작가가 자료를 검토하고 초고를 집필하는 데만도 대개 1년 이상의 시간이 걸렸고, 기획위원과 편집자의 검토 의견을 반영해 수정을 거쳐서 완성 원고가 나올 때까지는 대부분 2년 이상의 기간이 걸렸다. 수정 방향대로 작가가 충분히 고쳐 쓰지 못하거나 작가의 의견이 달라서 수정 방향을 조정한 경우도 일부 있었다. 원고가 원하는 내용으로 나오지 않아 출간을 포기했다가 되살려내 출간한 경우도 있었다.

(7) 모니터링: 언어 수준 검토

기획위원과 담당 편집자의 수정 의견이 반영되어 완성 원고가 나온 뒤에는 어린이책 전문가인 초등학교, 중학교 교사에게 의뢰하여 언어와 문장 수준의 난이도가 적정한지 검토를 받았다. 이 과정에서 어린이들에게 직접 읽혀서 문제점이 있나 살피기도 하였다. 검토 의견에 따라 어렵다고 평가된 어휘를 바꾸거나 뜻풀이를 달고, 문장을 좀 더 명쾌하게 고치기도 하였으나 대폭적인 수정을 하게 된 경우는 없었다.

(8) 텍스트 생산 과정을 밝힌 해설

어린이책으로 나온 고전을 살펴보면, 대부분 텍스트 생산과정을 밝히지 않거나 얼버무리고 있어서 책의 신뢰도를 떨어뜨리고 있다. 이에 비해 '재미있다! 우리 고전' 시리즈는 독자가 읽는 고전 텍스트가 어떤 방식으로 산출된 것인지 확실히 알 수 있도록 텍스트 생산 과정을 정확히 밝혀놓은 '해설'을 매편마다 실었다. '해설'에는 고전 작품의 내용과 가치에 대한 소개도 충실하게 하였고, 실제로 활용한 자료와 참고한 논저論著를 일일이 밝힌 '참고문헌' 목록도 붙였다. 이런 점에서 '재미있다! 우리 고전' 시리즈는 그 이전에 나온 다른 어린이용 고전들과 크게 다르다. 이 시리즈의 〈홍길동전〉을 읽은 독자라면, 해설을 통해 자신이 읽은 〈홍길동전〉이 어떤 〈홍길동전〉인지 알 수 있기 때문에 〈홍길동전〉을 읽었노라고 말할 수 있다.

　〈임진록〉의 예를 보면 '해설'에 60여 종의 판본 중 '경판본 한글본'을 토대로 '국립도서관 한글본'을 반영하고, 〈징비록〉 등을 참고하여 집필하였음을 밝혔다. 또한 원전이 수록된 문헌들과 도움받은 주요 논문, 저서를 '참고문헌'에 밝힘으로써 텍스트 생산과 작품 해설이 어디에 근거를 두고 이루어졌는지 독자가 알 수 있도록 하였다. '해설'은 어린이 독자가 읽기에는 어려운 내용이지만 필요할 때 도움을 받을 수 있으며, 교사와 학부모가 활용하기에도 좋다.

　'재미있다! 우리 고전' 시리즈를 진행하면서 기획위원들은 여러 가지 난관에 부딪히기도 했다. 많은 자료를 검토하고 이를 소화해 집필해야 하는 어려움 때문에 집필해줄 새로운 작가를 계속 발굴하기가 어려웠다. 원하는 원고가 나오지 않아 오랜 진통을 겪은 끝에야 겨우 원고를 완성해내기도 하였다. 기획을 시작할 당시에는 많은 고전을 두루 수용할 수 있을 것으로 예상했는데, 실제 어린이책으로 수용 가능한 타이틀이 많지 않았다. 읽고 나서 고전을 읽었다고 말할 수 있어야 한다는 기준에서는 더욱 그랬다. 이미 많이 소개된 작품과 한문 단편 등 일부 새로운 작품을 수용하고 나니, 그 범위를 넘어서는 경우에는 어린이에게 적극적으로 읽혀야 할 내용인지 확실하게 판단할 기준이 없고, 어린이가 '읽을 수 있게' 서술하는 것도 쉽지 않아 보였다. 이를 감당하려면 더 공부가 필요한 상황이었다. 그래서 스무 권으로 마무리를 짓고, 후일을 기약하기로 하였다.

3

2000년대 이후에 〈전우치전〉은 영화화되어 600만 명 이상이 보았고, 텔레비전 드라마로도 방영되었으며, 어린이 '연희극'으로도 공연되었다. 이와 같이 고전은 끊임없이 재창조되는 생명력을 갖고 있는데, 원작을 제대로 알고 보는 사람보다 원작을 전혀 모르거나 제목 정도만 알고 보는 사람이 더 많을 것이다.

물론 꼭 원작을 알아야만 고전을 원작으로 한 다양한 작품들을 감상할 수 있는 것은 아니고, 고전의 모든 원작을 다 알아둘 수 있는 것도 아니다. 그렇더라도 어려서부터 생을 마감할 때까지 진행되는 평생의 독서 과정에서 어느 때든 고전을 읽게 될 때, 고전의 핵심과 본질을 전하는 책을 선택할 수 있도록 그렇게 만들어진 책이 주위에 있어야 한다. 동서양의 고전을 나열하면 금방 100권을 넘어서게 되지만, 평균적인 독서인이 평생에 읽을 수 있는 고전은 몇 권 되지 않는다. 그렇다면 어린 시절에 읽은 고전을 어른이 되어 꼭 다시 읽지 않아도 되도록 어린이가 읽을 수 있는 고전을 만들어줄 필요가 있다. '재미있다! 우리 고전' 시리즈를 이어서 이런 방향에서 더 좋은 책들이 기획되어 나오기를 바란다.

('각국의 어린이 고전 출판 현황', 동아시아 어린이책 심포지엄 발표문, 파주어린이 책잔치 2015. 5. 4)

편집자의 눈

교과서 속 수필, 어떻게 선택되나

1

내가 중고등학교에 다닐 때 교과서에서 읽은 수필로 생각나는 글이 몇 편 있다. 피천득의 〈수필〉〈인연〉, 민태원의 〈청춘 예찬〉, 정비석의 〈산정무한山情無限〉이 그것이다. 수업시간에 읽었지만 몇몇 구절은 지금도 머릿속에 남아 맴돈다. 내 또래 작가들은 학창 시절에 교과서에 실린 글을 재미있게 읽었던 경험을 이야기한다. 그 시절엔 스마트폰은커녕 텔레비전도 집집마다 있지 않았고 읽을거리도 많지 않았으니, 새 학년에 올라가 새 교과서를 받으면 따끈따끈한 구들장 위에서 뒹굴며 '국어 책'을 읽었다. 간혹 전체를 독파했다는 친구도 있지만 대개는 소설이나 수필을 골라 읽었을 터이다.

그런데 교과서에 글을 실을 때 어떤 기준으로 골라 그런 글이 실리는지는 알지 못했다. 국어 교사가 그런 것을 말해주는 일은 없었다. 그저 장르별로 좋은 글을 골라 실었겠지 하고 생각했다. 과거의 국정 교과서는 요즘 교과서처럼 친절하지가 않아서 '국어 책'은 독본에 가까웠다. 요즘 교과서에는 학습 목표도 비교적 자세히 제시되고 이른바 학습 활동이 '읽기 전 활동' '읽기 중 활동' '읽기 후 활동'으로 실린다. '바탕글' 외에도 여러 가지 안내 글과 정보 글, 학습 활동 과제가 실려 있으니, 관심을 두고 찬찬히 본다면 글이 어떤 맥락에서 선택된 것인지 대개는 알 수 있다.

나는 국어 교과서가 국정에서 검정으로 전환되면서 최근 6년간 출판사에서 교과서 개발 업무를 맡아본 경험이 있다. 2007 개정 교육과정과 2009 개정 교육과정에 따라 중고등학교 국어 교과서를 개발하는 과정에 관여하면서 교과서가 어떻게 만들어지는지 속속들이 체험할 수 있었다. 그 경험에 따르면 '민태원의 〈청춘 예찬〉은 좋은 수필이니까 교과서에 싣자' 이렇게 해서 실리게 되는 게 전혀 아니다.

2

현재 2009 개정 교육과정에 따른 교과서 개발이 끝났고, 올해 중학교 1~2학년 그리고 고등학교 1학년에 바뀐 교과서가 적용된다. 중고등학교 국어 교과서를 중심으로 교과서에 어떤 수필이 어떻게 해서 실리게 되는지 살펴보자.

교과서를 만들 때 교육부에서 공고하는 교육과정의 전체 내용 중에서도 '내용의 영역과 기준'이 교과서 내용을 구성하는 준거가 된다. 그 세부 내용으로 학년별 성취 기준이 제시되어 있는데, '중 1~3학년군'의 '문학 영역 성취 기준'은 한 문장으로 제시되어 있다. 그에 따라 '내용 성취 기준'은 10개를 제시하고 있는데, 교과서는 단원 학습을 통해 이 성취 기준들을 충족할 수 있어야 한다. 그래서 각 단원에 바탕글을 고를 때는 그 글을 공부함으로써 그 단원에서 다루는 성취 기준을 달성할 수 있는 가장 알맞은 것을 고르게 된다. 가령 성석제의 〈선물〉이라는 수필을 실었다면 그 단원에 적용한 성취 기준을 달성할 수 있는 제재(바탕글)로 어떤 글이 좋을까를 두루 검토한 결과 집필진이 그 글을 가장 적합한 것으로 보았기 때문이다. '갈등의 진행과 해결 과정을 파악하며 작품을 이해한다'라는 성취 기준에는 수필보다는 소설이나 극을 바탕글로 선정해야 적합하고, '다양한 관점과 방법으로 작품을 해석한다'라는 성취 기준의 경우에는 시나 소설이 우선 선택될 수도 있겠지만 수필을 포함해 다양한 관점과 방법으로 해석하기에 적합한 글을 찾으면 된다고 하겠다.

교육과정에는 성취 기준을 제시한 다음에 '국어 자료의 예'를 제시하였는데, '담화' '글' '문학 작품'으로 분류되어 있다. '중 1~3학년군'의 '국어 자료의 예'에서 '글'의 예 중에는 '생활 체험을 바탕으로 자신의 생각이나 느낌을 담은 수필'이 있고, '자신의 삶을 성찰하는 자서전이나 삶에 대해 계획하는 글' 같은 예처럼 '수필'이 포함될 수 있는 것들이 있다. '문학작품'의 예로는 '인물의 내면세계, 사고방식, 느낌과 정서

등이 잘 드러난 작품' '보편적인 정서와 다양한 경험이 잘 드러난 한국·외국 작품' '한국의 대표적인 문학 작품' 등과 같이 포괄적으로 제시하고 있는데, 여기에는 당연히 수필이 포함된다.

'선택 교육과정' 교과서인 고등학교 《국어 I》의 경우 교육과정을 보면 '문학' 영역 성취 기준으로 다음 세 가지를 제시하고 있다.

(14) 문학 갈래의 개념을 알고 각 갈래의 특징을 이해한다.

(15) 문학 작품에 나타난 작가의 개성을 이해하고 작품을 감상한다.

(16) 문학은 가치 있는 내용을 언어로 형상화한 예술이며 사회적 소통 활동임을 이해한다.

14번의 경우 수필도 문학의 주요 갈래이므로 이 성취 기준을 적용한 단원에서는 수필 작품도 바탕글로 실어야 하고, 만일 전체 단원 수의 제약 때문에 그러지 못한다면 학습 활동에서라도 반드시 수필 작품을 제시해 다뤄야 한다. 문학 갈래에 대한 설명문을 통해 학습할 수도 있지만 여기에 그친다면 교육과정의 내용 체계가 담화와 글의 '실제'를 상위에 두고 이를 통해 지식, 기능, 태도 등을 학습하도록 되어 있는 것과 상충하게 된다. 15번의 경우도 작가의 개성이 잘 드러나는 장르를 선택해야 하니 수필 작품을 포함할 가능성이 높다. 16번의 경우는 어느 장르여도 상관없다.

실제로 선택된 작품을 보면 14번 성취 기준을 다루면서 창비의 교과서는 신영복의 〈책은 먼 곳에서 찾아온 벗입니다〉를 소단원 바탕글로 실었고, 두산동아의 교과서는 박지원의 《열하일기》에서 〈하룻밤에 아홉 번 강을 건너다〉를 역시 소단원 바탕글로 실었다. 15번 성취 기준을 다루면서는 창비의 교과서가 성석제의 〈선물〉과 정약용의 〈'나'를 지키는 집〉을 바탕글로 실었고, 지학사의 교과서는 이상의 〈권태〉를 학습 활동에서 다루었다.

3

국어 교과서가 검정으로 바뀌면서 교과서가 여러

종이 나왔고 이를 통틀어 보면 상당히 많은 수의 수필이 교과서에 실렸다. 교과서에 수필이 실리는 경우는 앞에서 본 것처럼 '문학' 영역의 성취 기준을 적용한 단원을 우선 꼽아야겠지만, 실제로 수필로 간주할 수 있는 글은 다른 성취 기준을 적용한 단원에도 적지 않게 실려 있다. 수필의 범주를 정비석의 〈산정무한〉이나 이상의 〈권태〉처럼 문학적 감흥이 높은 글로 제한할 수도 있겠지만, 현대의 다양한 글쓰기를 국어 교육에서 포괄하려면 수필의 범주를 넓혀서 보는 것이 적절할 것이다. 형식과 분량이 일정하지 않은 다양한 내용의 글이 교과서에 수용되고 있는데, 이를 설명문이나 논설문 등으로 특정하기 어려운 경우라면 대부분 수필의 범주에 넣어 다루는 것이 실용적이기도 하다.

교과서에 실을 글을 선택하는 기준은 '어느 글이 성취 기준을 충족하기에 가장 적절한가'가 되겠지만, 교과서 전체를 놓고 볼 때는 '수필은 문학의 주요 갈래이므로 좋은 수필을 반드시 실어야 한다'는 기준도 작동하게 된다. 또한 '현대와 고전 작품을 골고루 실어야 한다'는 균형도 충족해야 하니, 실제로 교과서에 실을 글을 선택할 때는 이런 기준들을 복합적으로 고려해 가장 알맞은 글을 골라내게 된다. 이러한 일이 쉽지 않은 것은 교과서에 실을 수 있는 분량이 한정돼 있고 성취 기준을 충족해야 한다는 제한도 있기 때문이다. 또한 글들이 본디 교과서에 실을 것을 염두에 두고 쓰어진 것이 아니므로 분량, 내용, 표현이 교과서에 딱 맞는 글을 찾기는 쉽지 않다. 따라서 가능한 한 최선의 작품을 찾아내, 학습 상황에서 부담스러운 자극적인 표현은 수정한다든가 학년 수준에 맞도록 윤문한다든가 해서 교과서에 적합한 글로 고쳐서 싣기도 한다.

중학교 국어 교과서는 모두 16종으로 총 96권인데, 바탕글과 학습활동 등에 수록된 수필 작품을 전체적으로 살펴보면 여러 필자의 다양한 내용의 글이 실려 있음을 알 수 있다. 같은 글이 여러 교과서에 중복해서 실려 있는 경우도 있고, 같은 필자의 다른 글이 여러 편 실려 있는 경우도 있다.

윤오영 〈방망이 깎던 노인〉(6) 한흑구 〈보리〉(3) 이양하 〈나무〉(2) 민태원 〈청춘 예찬〉(2)

피천득 〈플루트 연주자〉(2) 〈오월〉 〈은전 한 닢〉

장영희 〈괜찮아〉(8) 〈다시 시작하기〉 〈속는 자와 속이는 자〉 〈엄마의 눈물〉 〈'좋은' 사람〉 〈킹콩의 눈〉 〈'특별한' 보통의 해〉 〈희망을 버리는 것은 죄악이다〉

법정 〈먹어서 죽는다〉(7) 〈무소유〉(4) 〈초가을 산정에서〉

신영복 〈당신이 나무를 더 사랑하는 까닭〉 〈어리석은 자의 우직함이 세상을 바꿔 갑니다〉

공선옥 〈힘들다, 힘들어〉(3) 〈밥으로 가는 먼 길〉(2) 〈내가 가지지 않은 세 가지〉 〈아버지의 선물〉

성석제 〈맛있는 책, 일생의 보약〉(4) 〈어느 날 자전거가 내 삶 속으로 들어왔다〉(4) 〈웃지 않고 이야기할 수 없다〉 〈젊은 아버지의 추억〉

곽재구 〈그림 엽서〉(4) 〈땅끝에서 바다로 이어지는 신비의 바닷길-참으로 깊고 맑은 예술혼의 길〉

이청준 〈아름다운 흉터〉(2) 〈이야기 서리꾼〉 〈일생 갚아야 하는 빚〉

김구 〈백범 일지〉(3) 〈나의 소원〉(2) 〈내가 원하는 우리나라〉〈임시정부의 문지기가 되고 싶소〉

안중근 〈안중근 자서전〉〈안중근 의사 자서전〉〈하얼빈 역에 울려 퍼진 총성〉

오주석 〈옛 그림 감상의 두 원칙〉(3) 〈한국의 미 특강-씨름〉(2) 〈옛 그림 감상의 원칙〉〈옛 그림에 담긴 선인들의 마음〉〈옛 그림을 감상하는 방법〉〈우리 옛 그림 감상〉〈들썩거리는 서민의 신명〉〈음악과 문학의 만남, 김홍도의 주상매관도〉

정민 〈울림이 있는 말〉(3) 〈보이는 것이 전부가 아니다〉〈지장과 덕장과 맹장〉〈다섯 수레의 책과 정보의 양〉

박경화 〈고릴라는 핸드폰을 미워해〉(3) 〈아프리카 고릴라는 핸드폰을 미워해〉(2) 〈도시의 밤은 너무 눈부시다〉(2) 〈아프리카 고릴라는 휴대전화를 미워해〉〈일회용 나무젓가락과 황사〉〈토종 씨앗의 행방불명〉〈강남 간 제비는 왜 돌아오지 않을까〉

최재천 〈개미와 말한다〉(2) 〈개미도 가축을 기른다〉〈고래들의 따뜻한 동료애〉〈까치의 기구한 운명〉

〈동물들은 모두가 서정시인〉〈동물들의 의사소통〉〈인간만 사회적 동물인가〉〈있다고 생각하고 찾아라〉〈잠과 생활 방식〉

정재승 〈머피의 법칙〉(2) 〈건물에 숨겨진 비밀〉〈고맙다, 입아〉〈공감할 수 있는 사과가 용서를 부른다〉〈만약 세상의 모든 가로등이 사라진다면〉〈창의성을 키우려면〉〈창의적인 두뇌〉

 * ( ) 안의 숫자는 복수로 실린 경우 교과서의 종수임.

중학교 교과서에 수록된 빈도가 높은 필자를 중심으로 자료를 일부 뽑아 보았다. 예전 교과서에 실리던 민태원, 이양하, 윤오영, 한흑구, 피천득 같은 명수필가의 작품이 여전히 실리고 있지만 그보다는 1970년대 이후 최근까지의 시인, 소설가, 수필가의 수필 작품이 한층 더 높은 비중을 차지한다. 일상생활의 경험을 소재로 잔잔한 감동을 주는 장영희의 수필은 〈괜찮아〉가 8종의 교과서에 소단원 바탕글로 실리는 등 무려 15종의 교과서에 실렸다. 삶에 대한 깊이 있는 철학적 성찰을 담은 베스트셀러 수필집을 여러 권

낸 법정의 글 〈먹어서 죽는다〉는 7차 교육과정의 국정 교과서에 실렸던 것으로, 7종의 교과서에 다시 실렸다. 종교인의 글이 교과서에 실리는 사례는 극히 드문데, 법정은 국정 교과서에 실렸던 공인된 필자라는 점이 작용한 것이 아닌가 싶다. 신영복과 장영희도 베스트셀러 수필집의 저자라는 공통점이 있다. 현대로 올수록 수필가의 글보다는 시인, 소설가가 쓴 산문이 더 많이 눈에 띈다. 이청준, 박완서, 이문구, 강은교, 곽재구, 성석제, 공선옥 같은 작가의 글이 복수의 교과서에 실려 있다.

김구, 안중근의 글은 주로 자서전으로서의 글의 성격 때문에 선택된 것이다. 오주석의 옛 그림 감상법에 대한 글은 '듣기·말하기' 영역의 성취 기준에 적합해서 다수의 교과서에 실렸고, 대중적으로 읽힌 과학 관련 저술을 내놓은 최재천, 정재승, 박경화의 글도 여러 교과서에 실렸다. 옛사람의 글로는 이규보, 서거정, 강희맹, 이이, 박지원, 이덕무, 박제가, 정약용 등의 글이 주로 실렸다.

고등학교 국어 교과서는 《국어 I》《국어 II》 각 11

종, 총 22권이므로 중학교 교과서에 비해서는 수록된 수필의 수가 많지 않다. 민태원, 이양하, 피천득, 윤오영의 작품은 고등학교 교과서에도 실려 있다. 법정, 신영복, 장영희 같은 인기 저자의 글, 박완서, 이청준, 곽재구, 성석제, 공선옥 등 작가들의 산문도 중학교와 빈도는 다르지만 실려 있다. 또한 오주석, 정민, 최재천 등도 중학교 국어 교과서와 겹친다.

　국어 교과서가 검정 도서로 바뀌어서 국정 한 가지로 모든 학생이 같은 국어 교과서를 배우던 시대는 끝났다. 그래서 각 교과서에 수록되어 있는 수필도 각기 다르다. 과연 학생들은 오랫동안 가슴에 남을 수필을 만나는 행운을 누릴 수 있을까. 요즘 학생들은 수필의 운치를 느껴보기보다는 스토리와 정보에 더 반응할 것 같기도 하다. 교과서의 글은 단지 입시를 위한 학습 자료로만 여길지도 모른다. 교과서 수록 수필 목록을 살펴보다 보면 내용이 다양하고 좋은 글이 많이 보이지만, 요즘 아이들의 감수성에 맞고 흥미도 끌 수 있는 글은 별로 없는 것같다. 교육과정의 성취 기준을 충족시키려다 보니 정작 학생들에게 꼭 읽히고 싶은 글을 별로 싣지 못하게 된다. 학생들에게 꼭 읽혀야 할 글을 먼저 고른 다음 그 글들을 토대로 교육과정을 짜는 방식은 시도할 수 없을까. 운치 있는 수필 한두 편은 학습 목표 없이 교과서에 실어서 자유롭게 감상할 수 있도록 해야만 수필의 맛을 제대로 느낄 수 있지 않을까 생각해본다.

《대산문화》 2014년 봄호)

교과서다운 문장 형식, 문체를 이루었는가
교과서 편집자가 보는 좋은 국어 교과서의 요건

1

어떤 '국어 교과서'가 좋은 교과서일까? 이는 '교과서'를 중심으로 생각할 수도 있겠고, '국어'과를 중심으로 생각할 수도 있겠다. 그러나 나로서는 명쾌한 답을 갖고 있지 않다. 대한민국의 대부분의 국민들이 그렇듯이 나도 초등학교에 들어가면서부터 학업을 마칠 때까지 교과서와 떼려야 뗄 수 없는 관계로 살아왔고, 또 4년여 기간 동안 출판사에서 중고등학교 '국어' '문학' 교과서를 개발하는 일을 직접 맡아왔지만, 어떤 교과서가 좋은 교과서이고 어떤 국어 교과서가 좋은 국어 교과서인지 여전히 오리무중이다. 아니, 한두 마디로 말하라면 하기 어렵지만 떠오르는 대로 말해보라면 한두 시간으로는 부족할 정도로 할 이야기가 많을 것 같기도 하다.

학교 현장에서 실제 어느 정도 활용하는지는 모르지만, 교과서 선정 시에 활용하도록 제공되는 '집필진 해설서'라는 것이 있다. 두 페이지 분량에 교과서의 장점과 특징을 집약적으로 밝혀놓은 문서다. 이 '집필진 해설서'는 각 교과서의 집필진이 썼을 수도 있고, 출판사 편집 담당자가 작성했을 수도 있고, 집필진과 편집팀의 협력 작업으로 작성되었을 수도 있겠다. '우리가 집필하고 발행한 국어 교과서는 이래서 좋은 교과서입니다'라고 홍보하는 내용이라고 보아도 무방할 것이다. 이 '집필진 해설서'에서는 과연 어떤 교과서가 좋은 국어 교과서라고 말하고 있을지 궁금해진다.

2007 개정 교육과정에 따라 개발되어 2012년부터 학생들이 배우게 되는 중학교 3학년 국어 교과서의 '집필진 해설서'를 보자.

개정 교육과정의 핵심 속에 따뜻한 감성을 담은 교과서

꼼꼼하고 치밀한 제재 선정을 통해 좋은 글 수록

학습자들의 매체 언어 환경 고려 일상생활 속에서의 국어 학습 강조

스스로 기초를 다지고 정리하는 자기 주도적 학습 장치 마련

현장의 소리에 귀 기울인 교과서

최적의 학습량/재미있고 다양한 제재/효율적인 단원 구성/눈이 편한 디자인

통합적 사고력을 지향하는 생활 중심 교과서

자율적 활동이 가능하도록 '생활 국어' 교과서를 활동책으로 개발

학습자들의 매체 언어 환경 고려 일상생활 속에서의 국어 학습 강조

듣기 말하기 읽기 쓰기 문법 문학의 영역 통합과 흥미로운 제재 수록

가르치기 쉽고, 배우기 쉬운 교과서

쉽고 재미있는 교과서/체계적인 교과서/자기 주도적 학습이 가능한 교과서/생활과 함께하는 교과서

가르치는 보람, 즐거움을 모두 드리는 교과서

풍부한 내용/체계적인 학습 과정/대단원별로 분명한 학습목표/균형 잡힌 제재와 활동

낯설지 않지만 새로움은 가득

'국어'와 '생활 국어'의 분명한 연계/최적의 학습량/가치 있고 흥미로운 글감/산뜻하고 세련된 디자인

쉽게 가르치고 재미있게 배우는 교과서

개정 교육과정의 충실한 반영/재재의 우수성/통합적 언어활동 강조/'국어'와 '생활 국어'의 상호 유기적 연계/일상생활 속 국어 능력 함양

수업의 편의는 높이고, 학생들의 사고력은 증진시키는 교과서

학습 목표 달성을 위한 체계적 구성

수업 부담은 줄이고, 진도 관리는 쉽게

차별화된 사례, 다양한 열린 활동

교과서의 특징

체계적인 구성으로 교수 학습이 쉬운 교과서

학습자의 수준과 흥미를 강조한 교과서

실제 국어 생활을 중심으로 재미있게 배우는 교과서

'국어'와 '생활 국어'가 유기적으로 통합된 교과서

재미와 감동이 있는 친절한 교과서

학습 원리를 쉽게 설명해 주는 교과서

연계 학습을 강화한 교과서

자기 주도적 학습 능력을 길러 주는 교과서

독서와 논술까지 책임지는 교과서

흥미롭고 친절한 교과서

―2011 검정 교과서 선정을 위한 집필진 해설서 안내,

한국검정교과서 공지사항에서 발췌

중 3 국어 교과서 중 10개 교과서가 각기 내세운 장점과 특징을 옮겨보았는데, 그 내용은 위와 같다. 우리가 생각할 수 있는 좋은 국어 교과서의 요건이나 특징을 들자면, 현재의 교육과정을 고려했을 때 '실제로' 제시될 수 있는 사항들은 위와 같은 내용들일 것이다. 체계적인 구성, 통합적 언어활동, '국어' '생활국어'의 연계, 자기 주도적 학습, 가치 있고 흥미로운 제재, 세련된 디자인……. 제재의 경우 기본적으로 그 단원의 학습 목표를 달성할 수 있는 내용과 수준을 충족시키되 익숙한 제재를 선택할 수도 있고 아직 교과서에서 다루지 않은 참신한 것, 최근에 공표된 새로운 것을 선택할 수도 있다. 그러나 모든 단원을 이전 교과서나 학습 자료에서 되풀이 다루어온 제재만으로 구성하거나 반대로 새로운 제재만으로 구성할 수는 없을 것이다. 또한 익숙한 제재가 많다, 참신한 제재가 많다는 것 등은 교과서의 특징은 될 수 있으나 우수성의 판단 기준이 될 수는 없을 것이다. '눈이 편한 디자인'과 '산뜻하고 세련된 디자인'은 서로 추구하는 방향이 다르지만, 그 방향 자체로 좋은 교과서와 그렇지 않은 교과서를 판단할 수 없다고 본다. 무엇보다 중요한 것은 과연 교과서의 특징과 장점으로 제시된 것들이 실제적인 집필과 편집, 디자인에 적절하게 구현되었는가 하는 것이다. 체계적인 구성을 한다고 했으나 체계 자체가 잘 인식되기 어렵게 짜여 있다든가, 편집과 디자인이 산만해서 체계적이지 않게 보인다면 그것을 체계적인 구성이라 할 수는 없다.

2

편집자가 보는 좋은 교과서가 무엇인가? 이 역시 근본적으로는 집필진이나 교육계에서 바라보는 시각과 다르지 않을 것이다. 그러나 편집자가 다루는 실무를 중심으로 '편집자의 눈'을 좁혀 볼 수도 있고, 편집 일반이 아니라 '교과서 실무'를 맡은 편집자의 경험과 안목에서 보는 좋은 교과서의 특징을 생각해볼 수도 있을 것이다.

내가 교과서 개발을 맡으면서 개발 초기 과정부터 부딪혔던 문제가 교과서 문장은 어떠해야 하는가였다. 경험이 많이 쌓인 집필진이나 편집진은 교과서 문장이 몸에 배어 있을 수도 있겠지만, 각 층위마다 어떤 식으로 서술해야 하는지 명쾌하지 않고 우선 '문체'가 형성되어 있지 않았다. 더구나 국어 교과서는 그동안 국정 한 종만이 있어 왔기에 참조할 자료도 극히 제한되어 있었다.

> 문학 작품이 지닌 아름다움을 느끼고 즐길 수 있다.
> 문학 작품이 지닌 고유의 가치를 알고 표현할 수 있다.
> —김종철 외, 중학교《국어 2-1》디딤돌, 10면

> 첫째, 문학 작품의 아름다움을 파악하며 감상한다.
> 둘째, 문학 작품이 지닌 가치를 인식한다.
> —이숭원 외, 중학교《국어 2-1》좋은책 신사고, 11면

위 예문은 올해부터 사용하는 '2007 개정 교육과정'에 따른 중 2 국어 교과서에서 뽑은 것으로, 대단원 학습 목표를 기술한 문장이다. 위 문장들의 주어는 '나'인가 '우리'인가 '여러분'인가? 주어를 생략한 문장이 과연 바람직한가? 술어를 '~한다'와 같이 서

술해야 하는가, '~할 수 있다'와 같이 서술해야 하는가? '첫째, 둘째'와 같이 순서를 나타내는 말을 넣어 주어야 하는가, 그럴 필요가 없는가?

위의 문장들은 실제로 정리되어 교과서에 구현되어 있는 문장이므로, 각기 학습 목표를 기술하는 하나의 문장 유형을 보여준다고 할 수도 있겠다.

지금까지 읽은 문학 작품들을 떠올려 보자. 우리는 문학 작품을 통해 일상에서는 쉽게 접할 수 없는 다양한 정서를 체험하고, 삶의 이치를 깨닫는다. 이 단원에서는 문학 작품을 깊이 있게 감상함으로써 문학 작품이 지닌 아름다움과 가치를 파악해 보자.

―이숭원 외, 중학교 《국어 2-1》 좋은책 신사고, 11면

우리는 수많은 문학 작품을 읽으며 살아간다. 글을 읽으면서 작품에 담긴 사회·문화적 상황에 주목하기도 하고, 작품의 아름다움에 감동하거나 작품이 다루고 있는 가치에 공감하기도 한다.

문학 작품을 읽을 때에는 작품의 아름다움과 가치

를 인식하고, 작품에 담긴 시대적 배경과 문화적 전통을 고려해야 한다. 더불어 작품을 바라보는 태도나 시각은 독자의 배경 지식에 따라 달라질 수 있으므로 다양한 시각으로 작품을 해석하는 것이 필요하다. 이러한 과정을 통해 독자는 정신적으로 성장하는 계기를 마련할 수 있다.

이 단원에서는 여러 문학 작품을 읽으면서 문학의 고유한 향기를 느껴 보자. 문학이 지닌 아름다움과 가치를 느껴 보고, 다양한 시각으로 문학 작품에 접근하는 태도를 길러 보자. 그리고 고전이 담고 있는 사회·문화적 의미가 무엇인지 생각해 보자.

―노미숙 외, 중학교 《국어 2-1》 천재교육, 54면

"사람은 착하게 살아야 한다"

이런 흔한 교훈은 우리에게 더 이상 감흥을 일으키지 않는다. 그러나 우리는 제비 다리를 고쳐 줄 정도로 착하게 살았던 흥부가 복을 받게 되는 결말을 보면서 "그래. 역시 착하게 살면 복을 받게 되지."라는 생각을 자연스럽게 갖게 된다. 이처럼 같은 주제라 하더라

도 달리 받아들여지는 까닭은 바로 문학의 형식 때문이다.

작가라면 누구나 삶의 진정한 의미와 참된 아름다움에 대해 고민을 하고, 그 고민이나 그에 대한 나름의 해법을 작품의 주제로 삼아 문학 작품을 쓴다. 한편, 독자는 작가가 고민하고 답한 문학 작품의 내용을 보며 깨달음을 얻는다. 이러한 깨달음은 단지 새로운 정보를 얻는 것과는 다르다. 문학이 주는 깨달음은 머리만이 아니라 가슴을 움직이는 '감동'이기 때문이다.

―김종철 외, 중학교 《국어 2-1》 디딤돌, 10면

위 문장들은 '대단원의 길잡이'에 해당하는 글이다. 한정된 분량에 학습 목표, 주요 학습 내용을 담고 학습자의 흥미, 서술의 유연성 등도 충족해 서술해야 하기 때문에 집필하기 쉽지 않은 글이다. 내가 경험한 교과서 개발 과정에서 가장 힘들었던 부분이 이런 '길잡이' '도입 글' '마무리' 등에 해당하는 글을 잘 뽑아내는 것이었다.

첫 번째 인용문은 세 문장으로 구성되어 있는데, 1. 청유형 문장 2. '우리'를 주어로 한 서술문 3. 청유형 문장의 순서로 진행된다. 일반 문장으로서는 자연스럽지 않은데, 학습 내용과 학습 목표를 환기하고 담아내야 하기 때문에 이런 구성이 되었다. 대부분의 도입 글에서 사용하는 '우리는'이라는 주어도 문제다. 이 '우리'가 가리키는 주체가 일정하지 않다. 때로는 복수의 학습자(학생)를 가리키기도 하고, 학습자 일반을 가리키기도 하고, 학습자와 교수자(교사)를 함께 묶어 지칭하기도 하고, 심지어는 일반 국민, 일반 사람을 가리키기도 한다. 대부분의 교과서가 위와 같이 '우리'를 주어로 놓고 서술하는 방식을 취하는데, 이는 불가피한 선택이기도 하고 그 나름의 서술의 장점이 있는 것은 사실이다. 그러나 일정하지 않은 범주를 갖거나, 막연한 주체를 가리키는 편의적인 용법으로 사용될 때도 있다. 교과서 문장 속에서 학습자, 교수자 등 각각의 주체에 맞는 적절한 주어는 무엇인지, 교과서 문체론의 시각에서 연구가 되고 모범적인 문장 유형들이 제시될 필요가 있다. 아울러 다양한 층

위의 교과서 글에 적절한 화자는 누구인지, 누가 되어야 하는지도 교과서 문장 정립을 위해서는 제대로 짚어보아야겠다.

두 번째 인용문의 "문학 작품을 읽을 때에는 작품의 아름다움과 가치를 인식하고, 작품에 담긴 시대적 배경과 문화적 전통을 고려해야 한다"와 같은 서술도 일반적으로 문학 작품 감상에 대해서는 '~해야 한다'와 같은 당위나 의무를 부여하지 않는다는 점에서, 교과서이기 때문에 등장하는 문장이라 보아야겠다. "더불어 작품을 바라보는 태도나 시각은 독자의 배경 지식에 따라 달라질 수 있으므로 다양한 시각으로 작품을 해석하는 것이 필요하다"라는 서술도 따져보면 어색한 내용이다. 앞 문장 내용과 필연성은 없지만 연결시켜야 하므로 '더불어'라는 접속사를 사용하고 있다. 독자의 배경 지식에 따라 작품을 바라보는 태도나 시각이 달라진다고 해서 다양한 시각으로 작품을 해석하는 것이 필요하다고 할 수 있는지 의문이다. 또한 한 사람의 문학 감상자가 "다양한 시각으로 문학 작품에 접근하는 태도"를 가져야 하는가? 학습과 훈련으로는 다양한 시각으로 작품을 해석할 수 있는 것을 알고 그렇게 해볼 필요가 있겠지만, 어떤 사람이 작품을 감상할 때 이렇게도 접근해보고 저렇게도 접근해보고 할 필요는 없다. 그러나 굳이 틀렸다고 할 내용은 아니다라고 볼 수도 있다. 이러한 문장들은 교육과정과 교육과정 해설서를 반영하여 서술하다 보니 나온 것일 텐데, 교과서 문장을 뜯어보면 자연스럽거나 적확하다고 할 수는 없지만 또 딱히 틀렸다거나 절대로 아니라고는 할 수 없는 방식의 서술, 문장 형식이 많다. 교과서 문장이 극복하기 쉽지 않은 딜레마라고도 할 수 있겠다.

세 번째 인용문을 보면 단원 도입 글로서 매우 다양한 내용을 담고 있는데, 첫머리의 학습자의 흥미를 고려한 서술 시도는 좋았으나 전체적으로 내용과 문장이 정리가 잘 되지 않았다. "이처럼 같은 주제라 하더라도 달리 받아들여지는 까닭은 바로 문학의 형식 때문이다"라는 문장이 그 앞에 내세운 '교훈'과 '흥부 이야기'에 어떻게 연결되는지를 이해하는 것은 거의 불가능에 가깝지 싶다. '문학이 주는 깨달음은 감동이다'라는 진술도 한참 해설이 필요한 문장이다. 따라서 집필진의 의도가 충분히 살아나려면 한층 더 다듬어지고 명료하게 이해될 수 있는 문장을 도출했어야 한다고 본다.

이상으로 교과서 문장을 약간 들여다보았다. 학습 목표, 단원의 길잡이, 대단원 도입 글을 비롯한 각종 도입 글, 개념 설명 글, 학습 활동 지시 글, 낱말 풀이, 각종 해설류, 단원의 마무리, 쉼터 등 각각의 층위에 맞는 적절한 문장 형식이 도출되고 있는지 자세히 살피지는 못했는데, 이러한 각 층위에 적합한 적절한 서술 방식과 문체를 수립하여 적용한 교과서라면 편집자로서 상당히 좋은 교과서로 평가할 수 있겠다.

이번에 중고등을 통틀어 30종이 넘는 국어 교과서가 개발되었다. 국정 교과서 한 종일 때와는 달리 수많은 필자들이 심혈을 기울여 집필한 교과서가 풍성하게 생산된 것이다. 이 자료를 토대로 교과서 문장과 문체에 대한 연구가 진행되길 바란다.

3

 편집자로서 인상 비평을 하자면, 약 7,8종의 국어 교과서는 매우 정제되고 세련된 편집 수준을 보여주고 있으나, 단원별 짜임이 명료하게 드러나지 않는 부실한 편집과 디자인도 눈에 띄었다. 몇몇 교과서는 자세히 들여다보아도 단원 구성이 어떻게 되어 있는지 잘 파악되지 않았다. 단원별로 체계를 기계적으로 적용하는 것도 좋지 않지만, 산만해서 어떤 체계와 흐름을 갖고 있는지 보이지 않는다면 문제다. 편집과 디자인은 교과서의 특징적인 짜임을 명료하고 아름답게 드러낼 수 있어야 한다.

 교과서 심사진이 제시한 교과서 수정 보완 사항 중에는 편집과 관련한 것들도 간간이 있다. 그림 바탕 위에 텍스트를 얹었을 때 텍스트 인식이 방해될 경우 그림을 파고 텍스트를 넣도록 수정하라든가 하는 것들이다. 디자인의 관점과 교육의 관점이 충돌하는 지점이 될 수 있지만, 양자가 조화를 이루는 지점을 찾아야 하는 문제이기도 하다. 본문의 어려운 낱말에 풀이를 제시했을 때, 풀이가 제시된 말에 * 등 표시를 해서 풀이가 제시된 말을 구별해 주라는 수정 지시도 있었다. 풀이가 제시된 말에 약물 표시를 하는 등 구별을 해주는 것은 기존 교과서의 관습이나, 텍스트를 몰입해서 읽게 하려면 그러한 표시를 삽입하지 않는 것이 좋다. 반면에 풀이가 되어 있는 말이 어느 자리에 있는지 쉽게 알아보게 하려면 표시를 해주는 것이 좋다. 이러한 사항은 굳이 한 가지 방식을 따르도록 하지 말고 편집의 자율성에 맡기는 것이 바람직하다고 생각한다. 강조할 문장들을 별색 글자로 처리한 교과서도 있는데, 이런 편집을 보면 대개 불필요한 강조이고 주의를 산만하게 하므로 미숙한 편집이라 하겠다.

국어 교과서의 대화 편집방식에도 문제가 있다. 관습적으로 대화는 본문에 비해 한 글자씩 전체적으로 들여 넣어 편집하는데, 일반 단행본들에서는 볼 수 없는 편집방식이고 대화가 늘 별행으로 처리되지 않는 한 불합리한 편집방식이다. 교과서에서 대화가 대부분 별행으로 처리되고 있는 것 또한 바람직하지 않다. 이에 대해서는 오래전에 필자가 상세히 지적한 바

있는데(〈교과서 대화 편집방식 바꿔야 한다〉,《우리교육(중등)》 2003년 4월호. 이 책 132~45면) 아직도 고쳐지지 않고 있다. 국립국어원에서 이를 바로잡아 '편찬상의 유의점'이나 '집필 기준'에 대화 편집방식을 한번은 명확하게 구체적으로 제시해줌으로써, 잘못된 편집 관습이 되풀이되지 않도록 해야겠다.

일반 편집자의 눈이 아니라 실제 교과서 개발을 담당한 편집자의 시각에서 보자면, 좋은 교과서가 만들어질 수 있는 가장 중요한 요건은 정상적인 개발 과정을 밟아나가는 것이다. 그러기 위해서는 교과서를 제대로 개발할 수 있는 기간이 확보되어야 한다. 1년 반의 시간이 주어져도 막바지 작업에서는 '일주일만 시간이 더 있으면 이 부분을 더 잘 고칠 수 있는데……' '사흘만 더 있어도 디자인을 더 다듬을 수 있는데……' '하루만 더 있어도 이 꼭지 교정을 한 번 더 볼 수 있는데……' 하는 아쉬움을 느끼는 것이 편집자다. 아무리 유능한 집필진이라도 교육 과정을 충분히 이해하고 해석해서 교과서에 구현하려면 탐구의 시간과 숙성의 시간이 필요하다. 아무리 유능한 편집진이라도 단번에 완성된 미려한 편집을 해낼 수는 없다. 편집자로서는 부실한 교과서를 보면 충분한 시간 투여와 정상적인 개발 과정을 거치지 않았다는 생각이 우선 든다. 편집자가 생각하는 가장 훌륭한 교과서는 1년 내지 1년 반 이상의 기간을 확보하여 그 기간 내내 정상적인 개발 과정을 차근차근 밟아나가 개발한 교과서다.

《교과서 연구》 66호, 2011년 겨울호)

교과서 대화 편집방식 바꿔야 한다

<u>한 글자씩 들여넣는 편집방식</u>

우리나라 교과서에서는 오래전부터 대화문은 다음과 같이 한 자씩 들여넣어 지문地文과 구별하는 방식을 택하고 있다.

"자, 옥희야, 커단 처녀가 왜 저 모양이야. 어서 와서 이 아저씨께 인사드려라. 네 아버지의 옛날 친구신데, 오늘부터 이 사랑에 계실 텐데, 인사 여쭙고 친해 두어야지."

나는 낯선 손님이 사랑방에 계시게 된다는 말을 듣고 갑자기 즐거워졌습니다. 그래서 그 아저씨 앞에 가서 사붓이 절을 하고는 그만 안마당으로 뛰어들어왔지요. 그 낯선 아저씨와 큰외삼촌은 소리를 내서 크게 웃더군요.

나는 안방으로 들어오는 나름으로 어머니를 붙들고,
"엄마, 사랑방에 큰외삼촌이 아저씨를 하나 데리고 왔는데에 그 아저씨가아 이제 사랑에 있는대."
하고 법석을 하니까,
"응, 그래."
하고 어머니는 벌써 안다는 듯이 대수롭잖게 대답을 하더군요.

─주요섭 〈사랑손님과 어머니〉, 중학교 《국어 2-1》(교육인적자원부 2003) 223면

앨리스는 위도가 무엇인지 경도가 무엇인지 하나도 몰랐지만, 멋지고 대단한 말 같아서 그렇게 말해 보았다.
"이러다 지구를 뚫고 떨어지는 건 아닐까! 지구 반대쪽에 있는 사람들 사이에 떨어진다면 얼마나 재미있을까! 그 사람들을 부르는 말이 극척점 사람들이랬지……"

그런데 어쩐지 틀리게 말한 것 같아서, 이번에는 옆에 아무도 없는 게 다행스럽게 여겨졌다.

"그런데 그 나라 이름이 무엇인지 모르니까 물어 봐야 할 거야. 한 번 해 봐야지. 아주머니, 안녕하세요? 여기가 오스트레일리아예요, 뉴질랜드예요?"

—〈이상한 나라의 앨리스〉, 초등학교 《국어 읽기 5-2》 (교육인적자원부 2002) 125면

큰따옴표 " "로 구분한 대화나 작은따옴표 ' '로 묶은 속생각은 위와 같이 모두 새로 행을 잡고, 행이 바뀌지 않으면서 꺾여 넘어갈 때는 지문의 왼쪽 끝 위치에서 한 글자 간격만큼씩 떼어 들여놓고 있다. 여는 따옴표 "가 차지하는 넓이는 글자 한 자의 폭과 같다. 따라서 대화문의 첫 글자는 왼쪽 끝 위치에서 두 글자 간격만큼 들어가 있고, 대화문이 꺾일 때 시작되는 자리와 비교해서는 한 글자 더 들어가 있다. 이에 비해 작은따옴표 '는 반 글자의 폭을 차지해서, 첫 글자가 시작하는 자리는 한 글자 반만큼 들어간 위치가 된다.

교육인적자원부에서 펴낸 초중고교 교과서는 문학

작품과 일반 산문, 논설문 등 모든 글들에 이러한 편집방식을 적용하고 있다. 그런 까닭으로 검인정 교과서들도 일제히 이를 따르는 것이 불가피한 선택이 되고 있다.

그런데 왜 이러한 대화문 편집방식이 문제되는가?

교과서식 대화 편집의 문제점

대화문 전체를 한 자씩 들여넣어 구별하는 편집방식은 대화문이 모두 별행으로 되어 있음을 전제로 한다. 그렇지 않으면 편집체재의 일관성이 유지되지 않는 문제가 발생한다.

그런데 글을 쓸 때 대화문을 모두 별행으로 잡아야 할 까닭은 없다. 그리고 실제로 그렇게 되어 있지 않은 글들이 많다.

"찬수군 있는가?"

방문이 열리고 심찬수가 얼굴을 내민다.

"선생님께서 제 방까지 친히 걸음하시다니." 심찬수가 마루로 나오며 안시원을 맞는다.

"온 걸음에 바둑이나 한수 놓을까 허구." 안시원이 심찬수의 불그레한 얼굴을 본다. "해장술이 거나헌 걸 보니 행마가 온전치 못하겠군."

"진다면 아침 잠이 모자란 탓이지, 이깟 술에 형세 판단을 그르치겠습니까."

―김원일 〈불의 제전〉 제1권(문학과지성사 1997) 246면

"이, 이런, 노인장께서는 시장하신 거군요? 그렇담 이건 참 잘됐는걸요. 그렇잖아도," 왕자는 말하며, 독 전으로 다가가, 그 독 옆에, 디딤돌로 놓았음에 분명한 그 돌팍에 앉았다. "혼자 먹기도 그렇고 해, 같이 나눠 먹을 만한 이를 만나면 먹으려고, 아까 저쪽 들판 건널 때부터 배가 쫄쫄거렸어도, 참고 왔기를 잘했군요." 그 러며 왕자는, 봇짐을 풀어, 포도주를 병째 노인네께 건 네어, 먼저 입을 축이게 하고, 빵은 잘라, 더 기다란 쪽 을 노인네께 넘겼으며, 양고기는, 주머니칼을 써, 가늘 게 조각을 내어, 노인네가 입을 벌릴 때마다, 한 조각씩 밀어 넣어 주었다.

"그래설람은 야봐라." 늙은네는 포도주를 크게 한

모금 넘기고 난 뒤, 물었다. "이 늙은탱이가 아까 묻지 안 했더냐, 어디서 오느라구?"

"오기도 하지만, 가기도 하는 중이지요. 오라는 데는 없어두요, 갈 데는 많은 것 같거든요."

—박상륭 〈평심(平心)〉, 《평심》(문학동네 1999) 96면

"굉장히 우아하고 멋지지 않니!" 이베트가 소리쳤다. "이렇게 지독히 질퍽한 풀 위에 어쩌면 그토록 편안히 누워들 있담."

"때로는 누워야 되겠지." 루썰이 말했다. "그리고 나무 밑은 그런대로 뽀송뽀송하다구." 그녀는 사슴이 누웠던 자리의 구겨진 풀잎을 보았다.

이베트가 다가가서 어떤가 보기 위해 손을 대보았다.

"정말인데!" 그녀가 믿기지 않는다는 듯 외쳤다. "여긴 따뜻하기까지 하다."

—D. H. 로렌스 〈처녀와 집시〉, 《처녀와 집시》(김영무 옮김, 창작과비평사 1997) 33면.

위와 같은 작품을 교과서에 싣는다면 어떻게 될지

궁금하다. 대화를 모두 별행으로 분리해낸다면 글의 호흡이 달라지고, 대화문이 어떤 등장인물의 말인지 알 수 없는 혼란이 일어난다. 저작자의 입장에서는 용납될 수 없는 텍스트의 변조다. 아니, 독자의 입장에서도 그렇게 변조된 텍스트를 읽고 싶지 않다.

그렇다면 대화문과 지문을 이어 쓸 경우는 들여넣지 않고, 대화문만 별행으로 놓을 때에만 들여넣는 방식을 취하면 어떤가.

한 계집애가 일어나다 "뱀!" 하고 소리질렀다. "어디!" 한 계집애가 놀란다.
―서정범 〈미리내〉, 중학교 《국어 1-2》 (교육인적자원부 2002) 92면

말로는 "그래그래, 네 말이 옳아."라고 하면서도 표정이나 동작으로 부정의 뜻을 나타낼 수도 있다.
―왕문용 〈통신 언어, 어떻게 쓸 것인가〉, 같은 책 172면

아들은 벌어진 입을 다물지 못했고, 박의 아내는

"아, 여보!"

하고 땅에 털썩 주저앉아 버렸다.

―〈우정의 길〉, 같은 책 81면

그렇게 기둥을 검사하고 난 도편수는 실을 거두며

"그럼 그렇지! 끄떡할 리가 있나?"

라고 하면서 늙은 얼굴에 만족한 웃음을 띠고 기둥을 슬슬 쓸어 보더라는 것이다.

―이범선〈도편수의 긍지〉, 같은 책 166면

교과서에서는 앞의 두 예문과 같이 짤막한 대화 인용은 별행으로 독립시키지 않고 있으나, 비슷하면서도 별행으로 놓은 뒤의 두 예문과 비교해보면 일정한 기준이 있어서라기보다는 글의 성격과 흐름에 좌우되고 있는 것 같다. 대화문으로 시작되기만 하면 중간에 지문이 따라 나와도 행이 바뀌기까지는 대화문과 똑같이 들여넣어 구별하는 방식도 생각할 수 있으나, 그럴 경우도 행의 배열이 통일성이 없이 들쭉날쭉한 결과가 되고 만다.

결국 앞서 든 《불의 제전》과 〈평심〉, 〈처녀와 집시〉 같은 작품들은 대화를 한 자씩 들여넣는 표기방식으로는 텍스트의 원형을 유지한 채 교과서에 실을 수 없음을 알 수 있다.

대화문을 모조리 별행으로 잡아 쓰는 것은 일반적인 원칙이 아니다. 서양 소설은 〈처녀와 집시〉처럼 대화문의 중간과 뒤에 지문이 들어가는 것이 오히려 일반적이고, 우리 작품에도 《불의 제전》처럼 대화만 별행으로도 나오고 대화에 묘사나 서술이 바로 이어지기도 하는 사례가 적지 않다. 이것은 비단 소설작품에 한정되지 않는다.

이처럼 문제가 있는 들여넣기를 교과서는 왜 줄기차게 고수하고 있는지 참으로 알 수 없다. 따옴표로 시작하는 대화든 괄호나 줄표 —와 같은 어떤 부호로 시작하든 일반적인 서술 흐름에서 행을 새로 잡아 쓸 때는 새 행에 적용되는 들여쓰기(일반적으로 한 글자 간격)를 그대로 해서 따옴표 등 부호를 써주면 되고, 행이 꺾여 넘어갈 때도 한 자 들여넣기를 할 필요가 없다. 즉 대화문이라고 해서 문단의 왼쪽을 들여넣어 지문과 구별할 필요가 없는 것이다.

  교과서의 대화 편집방식을 지키기 위해 그동안 교과서에 수록된 글들에 얼마나 불필요한 손질이 가해져왔는지 자세히 조사하지는 못했지만, 애초부터 대화를 모두 별행으로 독립시켜 놓지 않은 글들도 적지 않이 있었을 것이니 오로지 대화 편집체재를 맞추기 위해 원문을 손질한 사례도 상당히 있을 것으로 짐작된다. 앞서 예문으로 든 초등 5학년 교과서의 〈이상한 나라의 앨리스〉를 보아도, 이런 문제가 나타난다. 이 글은 루이스 캐롤의 원작의 제1장을 수록한 것인데, 원문에는 인용부호로 묶인 대화나 독백이 한 군데도 별행으로 되어 있지 않다. 교육과정에 맞춘 개고의 필요성을 인정하더라도, 대화와 독백을 모두 별행으로 맞춰놓은 것은 기계적인 적용이라 하겠다.

하루빨리 합리적으로 개선을

  교과서가 이런 문제있는 편집방식을 택하다 보니, 어린이책과 학습참고용 책, 주로 학생 독자를 겨냥한 책 들에서는 교과서와 같은 대화 편집체재를 따르는 사례가 많다. 특히 어린이책은 학부모나 교사들이 교과서의 표기·편집 원칙을 따르지 않은 책은 불량도서로 인식할 수 있기 때문에, 교과서의 편집방식을 따르지 않는 '모험'을 하기 어렵다.

그러나 요즘 출간되는 책들을 보면 교과서식 대화편집방식을 따르지 않는 출판사가 많아서, 대략 반반 정도의 비율이나 그 이상을 차지하지 않을까 싶다. 내 주변에 있는 책들을 훑어보자.

▷교과서식 대화표기를 따른 출판사
웅진닷컴(《까치 우는 아침》) 보리(《주먹만한 내 똥》) 지경사(《돈키호테》) 파랑새어린이(《허균》) 대교출판(《돌아온 진돗개 백구》) 능인(《선생님 덧니에 다이아몬드를! 속편》) 숲속나라(《쌍동밤》) 문이당(《사랑을 선택하는 특별한 기준》) 등

▷교과서식 대화표기를 따르지 않은 출판사
푸른책들 우리교육 시공주니어 산하 소년한길 현암사 도깨비 다림 창작과비평사 길벗어린이 청동거울

비룡소 사계절 문학동네 문학과지성사 마음산책 나남 등

　체계적인 조사는 아니지만, 어린이책을 주로 내는 출판사가 교과서식을 답습하고 있고 신생 출판사와 일반 성인도서 출간 비중이 더 큰 출판사들은 들여넣기 편집을 하지 않고 있음을 알 수 있다. (같은 출판사의 책이 한가지로 통일되어 있지 않은 경우도 있다.)
　그런데 교과서 방식을 따른다고 해도 조금씩 다른 것이, 출판사마다 조판 시스템에 따라 사용하는 부호의 크기와 생김새가 교과서와 딱 일치하지 않아서 "의 위치와 첫 글자의 시작 위치가 일정하지 않고 제각각인 양상을 보이고 있다. 교과서마저도 통일되어 있지 않아서, 초등·중학 교과서와 달리 고등학교 교과서는 따옴표 "가 한 글자 폭이 아닌 반 글자 폭을 차지하고 있다. " " 안에서도 여러 문장이 이어질 때는 새로 행을 잡아 쓰기도 하는데, 이 때 교과서는 한 자 더 들여쓰기를 하고 있으니 대화문이 시작할 때도 한 자 더 들여쓰기를 해야 옳을 것이다. 이렇다 보니 교과서를 기준삼은 책들에서도 따옴표 안에서 행을 가를 때 들여쓰기를 하는 책이 있고 하지 않는 책이 있다.

이처럼 따르기도 힘들고 복잡한 문제를 야기하는 대화 편집방식이 언제 정착되어 교과서에 수용되었는지는 잘 모르겠다. 내가 짐작하지 못한 중요한 이유가 있고 그 나름의 어떤 장점이 있는지 알 수 없지만, 이 불편한 편집체재는 벌써 수십년간 아무런 검토 없이 답습되어 7차 교육과정의 개정 교과서에도 그대로 적용되고 있다.

근대적 활판인쇄가 도입되어 한글맞춤법과 부호 표기방법이 정착되어갈 때, 좀 더 눈에 띄게 대화문을 구별하는 이와 같은 들여넣기 편집도 나타났으리라고 생각된다. 필자가 뒤적여본 적이 있는 1920년대 신문잡지와 단행본에서도 이런 대화 구분 방식을 많이 볼 수 있었는데, 역시 통일적으로 되어 있지 않았다. 요즘까지도 한 자씩 들여넣는 교과서 방식을 따르는 출판물들이 적지 않음은 이미 살펴본 바와 같다. 인용부호는 옛날 세로쓰기 시절에는 ┌┐가 쓰였는데,

가로쓰기로 전환한 뒤에도 일부에서는 지금까지 그 변형인 『 』「 」를 쓰고 있는 실정이다.

따옴표로 구별해주는 대화문을 또다시 한 자씩 더 들여넣어 지문과 구별해줄 필요는 없다. 새로 행을 잡아 쓸 때는 한 글자 간격(그 글에서 택한 간격)만큼 들여넣고 글자면 글자, 따옴표 등 부호면 부호로 시작하는 것으로 충분하다. 이것이 가장 자연스럽고 합리적인 글쓰기이고 표기법이다. 만약 교과서 편찬 지침에 대화 표기·편집에 대한 규정이 있다면 교육부와 관련 인사들은 그 규정의 타당성을 열린 자세로 재검토하기 바란다.

잘못된 편집방식은 지켜야 할 전통이 아니다. 교과서가 먼저 바뀌면 교과서를 답습해온 출판사들도 바뀌게 된다. 이치에 맞지 않고 글의 원형을 손상할 위험이 있는 교과서의 대화 편집방식을 하루빨리 점검하여 합리적으로 바꿔야겠다.

《우리교육(중등)》 2003년 4월호)

문학성과 시장성의 경계에 흐르는 강박
청소년문학 시장의 빛과 그늘

청소년문학 시장은 청소년소설 시장이다

대산청소년문학상은 중고등학생이 쓴 시와 소설을 공모한다. 여기서 청소년문학이란 청소년(중고등학생)이 쓴 시와 소설을 말한다. 올해 2회째 수상작을 낸 문학동네청소년문학상은 청소년이 읽을 장편소설을 공모한다. 11월에 5회째 수상작을 발표하는 창비청소년문학상 역시 청소년이 읽을 장편소설을 공모한다. 여기서 청소년문학이란 청소년소설 즉 청소년이 읽을 장편소설이다.

청소년문학이란 말은 자주 청소년소설의 동의어로 쓰인다. 청소년소설 중에서도 장편을 말한다. 청소년문학 시장 혹은 청소년도서 시장과 관련해서는 영락없이 청소년 독자층을 겨냥한 청소년소설만을 가리킨다. 그렇지 않은 경우 '내가 쓰는 청소년문학 개념에는 청소년 대상 시도 포함되어 있다' 식으로 전제를 달아주어야 한다. 따지고 보면 이상한 용법이다.

청소년문학을 규정하는 기준은 세 가지 정도가 주요한 것일 텐데 독자, 필자(작가), 주제가 그것이다. 즉 청소년이 읽는 문학, 청소년이 쓰는 문학, 청소년의 삶의 문제를 주제로 한 문학으로 나눌 수 있다. 당연히 각각은 모든 장르를 포함한다. 따라서 청소년 독자에 맞게 쓰인 문학을 청소년문학이라는 용어로 지칭하면서 소설이라는 특정 장르에 한정해 다루려면 미리 그러겠다고 전제를 하는 것이 합당하다. 하지만 그와 반대로 소설뿐 아니라 시, 수필, 희곡 등을 두루 다루고자 할 때 여러 장르를 다 포함한다고 일러두어야 하는 실정이다. 이러한 용어 사용의 여건에서 청소년문학이 생산, 유통, 소비되는 실상을 짐작할 수 있다.

내가 청소년문학의 필요성을 느끼고 처음 시작할 때

는 출판사와 작가 모두 청소년문학을 대수롭지 않게 여기며 그리 관심을 두지 않았는데, 지금은 웬만한 출판사는 죄다 청소년문학을 하겠다고 나선다. 작가도 마찬가지. 동화작가든 일반문학 작가든 기회만 되면 청소년 독자용 작품을 쓰겠다고 벼른다.

왜 그럴까? (…) 먼저 공급자인 출판사 측 이유인데, 아주 노골적이다. "돈 있는 곳에 마음 간다!" 불편한 표현 같지만 진실이다. 대부분의 출판사는 상업적인 측면에서 영리를 우선하지 않을 수 없다. 그래서 '돈'이 될 만한 물건을 '기획'한다. 그게 바로 청소년소설에 '꽂혔다'. (…) 그럼 작가는? 작가들한테도 경제적 측면이 중요하게 작용했다. 일반 소설은 초판도 소화하기 힘든데, 듣자하니 청소년소설은 속된 말로 '떠서' 해를 넘겨 가며 꾸준히 팔린다더라! (…) 그다음으로는 수요자 측면의 이유다. (…) 초등학교 때 동화 읽기의 즐거움을 맛본 일부 아이들은 다음 단계의 독서 욕구를 지니게 되었다. 이를테면 실수요 독자군이 형성된 것이다. 가장 바람직한 청소년문학 활성화 사유에 해당된다.

―박상률 〈청소년문학의 자리〉, 《청소년문학의 자리》,

나라말 2011, 12~14면

1990년대 후반부터 청소년소설을 발표해온 대표적인 청소년문학 작가의 진단이다. 요컨대 청소년 독자 시장이 열렸다, 청소년문학이 생산되고 읽힌다는 것이다. 청소년문학 시장은 청소년소설 시장이다.

<u>청소년소설, 얼마나 팔리나</u>

출판계에서는 오랫동안 청소년문학 시장을 회의적인 시각으로 바라보았다. 청소년문학의 선구적인 기획으로 1997년부터 출간을 시작한 '사계절 1318문고'가 꾸준히 청소년 권장도서로 선정되며 안정적인 시장 진입을 이루었지만, 청소년문학 출판이 열기를 띠기까지에는 상당한 시일이 걸렸다. 강숙인의 《뢰제의 나라》(2003)로 첫발을 내디던 푸른책들의 '푸른도서관' 시리즈, 이경혜의 《어느 날 내가 죽었습니다》(2004)로 화제를 모으며 출범한 바람의아이들의 '반올림' 시리즈, 이현의 《우리들의 스캔들》(2007)로 장도에 오른 창비의 '창비청소년문학' 시리즈가 잇따라 선

보인 2003~2007년을 청소년문학 출판의 제2기의 시작으로 보아도 좋을 것이다. 《기획회의》 247호(2009. 5. 5)에서는 '주목할 만한 청소년문학 시리즈'를 특집으로 다루며 위 시리즈들 외에 비룡소 '청소년문학선'(2002년 시작)과 시공사 '시공청소년문고'(2005년 시작)를 더 살펴보았는데, 두 출판사의 시리즈는 외국 작품을 번역 소개하는 데 치중하고 있다.

청소년문학 출판이 열기를 띠면서 출판사의 공모가 줄을 이었고, 이를 통해 청소년소설 작가가 탄생하였다. 그전까지는 소설가나 시인, 아동문학 작가들이 청소년소설을 써서 출판해 청소년소설 작가가 되었다면, 이 시기부터는 출판사 등의 공모를 통해 등단한 작가들이 청소년소설 작가군을 형성하여 안정적인 작품 공급 가능성을 높여주었다. 청소년소설 공모의 상금을 보면 대부분 2천만원(사계절, 창비, 비룡소, 문학동네)인데, 책값을 1만원으로 계산하여 인세로 환산했을 때 2만부 인세에 해당하는 금액이다. 즉 공모하는 출판사 쪽의 판매 기대 수치가 2만부 이상이라고 할 수 있겠다. 3회(2009년)까지 운영하다 중단

된 세계청소년문학상의 경우 5천만원의 상금을 내걸었는데, 5만부 이상의 판매를 기대했다고 볼 수 있다.

공모 수상작의 경우 완성도가 뛰어나고 가독성이 높으며 화제성이 있다면 5만부 판매 기대가 꼭 높은 수치라 할 수는 없다. 실제로 청소년문학상 수상작들은 여러 작품이 3~5만부 이상 팔리고 있으며 2008년 출간된 《완득이》(김려령)는 일약 30만부를 넘어서는 성공을 거두었다고 한다(《한겨레》 2010. 4. 26 기사). 《완득이》는 최근 개봉된 영화의 인기에 힘입어 다시 청소년문학 베스트셀러 1위로 올라서는 등 올해에만 12만부 이상 팔렸다.

하지만 매년 화제작이 나올 가능성이 낮으며, 너도 나도 공모를 해서 작품을 뽑아내려는 상황에서는 한정된 창작 자원이 분산될 수밖에 없다. 따라서 공모 수상작 출간도 안정적인 매출을 보장해줄 수 없고 장기적으로는 수지 타산을 맞추기도 만만치 않다고 할 것이다. 그런 상황에서 신인 작가나 기성 작가가 작품성이 뛰어난 신작을 쓰더라도 공모 수상작에 들지 못하면 출판 기회를 잡기가 어렵고, 출판 기회를 잡는다 해도 적극적인 마케팅 대상이 될 가능성이 낮으니 독자 눈에 띄지 않고 묻혀 버리기 십상이다.

<u>《완득이》의 힘과 가족 서사의 가능성</u>

청소년소설은 주독자층이 중고등학생이지만 중고등학생만이 읽어야 할 까닭은 없다. 공지영·신경숙의 소설이 중고등학생 독자를 겨냥해 씌어진 것은 아니지만 중고등학생들도 많이 읽듯이, 대부분의 문학 장르는 타겟 독자층 위아래로 넘나들며 독자층을 형성하게 된다.

청소년소설은 밀리언셀러를 기록하기가 어렵다. 독서 인구를 10대에서 60대까지라고 볼 때, 중고등학생 독서 인구는 통틀어서 그 10분의 1에 불과하기 때문이다. 즉 베스트셀러가 되더라도 일반 베스트셀러의 판매 수준에는 크게 못 미치게 마련이다. 그러나 반짝하고 팔리기보다 오래 꾸준히 팔리는 장점도 있다. 책의 재미와 의미가 평가를 받아 입소문이 나고 권장도서로 여기저기 소개되기 시작하면 탄력을 받아 사오년 이상 안정적으로 판매된다.

청소년소설이 《완득이》처럼 10만부 이상 판매되었다면 대개는 일반 소설 독자도 끌어들였다고 보아야 한다. 《마당을 나온 암탉》(황선미)이나 '해리 포터' 시리즈(조앤 롤링)도 어린이나 청소년 독자를 넘어 전 독서층에 읽힘으로써 대형 베스트셀러가 될 수 있었다. 청소년소설이 다루는 주제가 결코 가볍지는 않지만, 《완득이》의 예에서 보듯 가족 구성원이 두루 읽을 수 있는 성격의 작품이 될 가능성은 크다. 또한 청소년소설을 원작으로 영화나 연극, 텔레비전 드라마 등을 만든다면 '가족 서사'를 강화하고 '가족이 즐기는 서사'로 재탄생시킬 수 있는 가능성도 더 많이 열려 있다. 《완득이》 영화(감독 이한)는 이러한 맥락에서 가족이 함께 즐길 수 있는 영화로 제작되었고, 이런 요인은 가족 영화가 부족한 현실에서 관객몰이를 하는 데 이점으로 작용하고 있다.

<u>시장을 위한 문학인가, 문학을 위한 시장인가</u>

잔잔하던 청소년문학 시장이 앞서거니 뒤서거니 발진한 청소년문학 시리즈들로 달아오르며 국내 창작

중심으로 재편된 것은 바람직한 일이다. 학교와 도서관 등의 권장도서, 학부모의 선택에 따른 영향력에만 의존하지 않고 그 자체의 재미와 흡인력으로 일본 소설이나 장르 소설을 즐겨 읽는 청소년 독자들까지도 이끌어들이는 매력을 발휘하고 있다. 억압적인 현실을 춤으로 돌파하려는 비보이들의 꿈을 그린《몽구스 크루》(신여랑, 2006), 자신의 가난과 불행을 직면하고 명랑과 유머 코드로 날려버린《완득이》, 세상의 위선과 욕망을 비추어주는 마법의 빵집에서 벌어지는 미스터리 판타지인《위저드 베이커리》(구병모, 2009), 문제아들의 자기 응시와 성찰을 담아낸 여로旅路형 서사인《하이킹 걸즈》(김혜정, 2008) 등은 청소년소설의 몇 가지 길을 선구적으로 개척한 작품이다.

시장의 요구는 상품의 지속적인 공급을 요구하는 동시에 독자의 입맛을 달콤하게 만족시키는 소화하기 좋은 물건을 선호한다. 지속적인 공급을 위해서는 지속적인 생산이 필요하고, 지속적인 생산이 가능하려면 창작의 틀이 되는 장르적인 규범이 필요하다. 잘 빠진 장르 규범은 그 위력으로 일정하게 독자층을 확보할 수 있다. 아직 장르적 발전이 충분히 이루어지지 않은 청소년소설이 당분간 이런 시장의 요구에 대응하며 몇 가지 방향에서 장르소설로서의 특징들을 갖추어가리라는 것은 충분히 예상할 수 있는 일이다.

박상률은 요즘 작가들이 "문제적 인물을 다루어야 한다는 강박 때문에 극단적인 인물이나 사건을 설정한"다고 신랄하게 비판한다. "오로지 독자의 재미를 자극하기 위해 소재나 제재가 선정적이거나 극단적으로 흐르"고, "밑도 끝도 없는 엽기 혹은 만화 같은 얘기를 즐겨 다룬"다는 것이다.(앞의 글, 23~26면) 남발되는 외래어 제목들, 엽기적인 그림으로 장식된 표지 등도 시장에 호소하려는 전략일 것이다. 대중성과 문학성의 행복한 일치는 대개 성사되기 어렵지만, 나로서는 시장에 적응하고 대중성을 확보하려는 문학적 전략 자체는 늘 필요한 것이며 추구할 만한 의미가 있다고 본다. 그러나 박상률이 적절하게 지적했듯이 '선정적인 소재주의 유행의 유혹'에 넘어가 '청소년의 겉으로 드러난 삶의 양태'에만 끌려다녀서는 자기 세계를 단단하게 구축할 수가 없다.

청소년소설만이 청소년문학의 전부인 양 호들갑스러운 분위기에서 독자의 좋은 반응을 얻고 있는 청소년시가 있다. 박성우 시인의 《난 빨강》(창비 2010)이 그것이다. 얼마 전에 나온, 공고 학생들이 쓴 시를 엮은 《내일도 담임은 울 뻴이다》(나라말 2011)에도 독자의 손이 자주 간다. 인터넷서점 알라딘의 세일즈 포인트를 보면 《난 빨강》은 4,509점, 《내일도 담임은 울 뻴이다》는 4,935점이다. 2010년 블루픽션 수상작 《번데기 프로젝트》(비룡소)가 2,786점, 2011년 사계절문학상 수상작 《내 청춘, 시속 370km》가 6,855점을 기록하고 있으니(2011. 11. 8. 기준) 서로 비교해보면 괜찮은 성적이다. 독자들은 청소년의 삶을 진실하고 날카롭게 다룬 청소년시, 청소년이 자신들의 삶과 마음을 직접 곡진하게 드러낸 시를 꽤 찾아 읽고 있다는 이야기다. 청소년문학 시장은 출판계의 상투적인 인식과 다르게 소년소설 밖으로도 열려 있다고 하겠다.

(《대산문화》 2011년 겨울호)

우리말 클리닉

'없슴'인가, '없음'인가?

　중학생 아들아이가 영어 단어를 찾는데, 만년필처럼 생긴 전자사전을 쓴다. 끝부분으로 글자를 가로로 긁어주면 문자판에 단어 풀이가 뜬다. 제품 이름이 퀵셔너리Quicktionary인데, 말 그대로 신속 전자사전이다.
　내가 중고등학교에 다닐 적에는 책(교과서, 참고서)과 사전에만 의존해 영어공부를 했다. 사전도 새것을 사지 못하고 대개 형한테 물려받거나 중고를 구해 썼다. 어른들이 사전을 '콘사이스'라 부르니, '콘사이스'(concise: 간결한)의 뜻이 '영어사전'인 줄만 알았다. 그때는 회화 테이프 한번 들어보지 못하고 중고등학교 6년간 영어공부를 했다. 그런데 지금은 테이프 딸린 교재, 인터넷 강의, 각종 학습보조용 전자제품들이 넘쳐나고, 원어민 강의에 어학연수도 필수처럼 되어 있다.

'퀵셔너리'로 영어단어들을 긁어보니, 가끔 이런 문구도 나온다.

찾는 단어 없슴

'없슴'이 맞나? 혹시 '없음'이 아닐까?
인터넷 문서들 중에는 또 이렇게 표기하고 있다.

계단과 통나무길로 잘 정비되어 있슴.
책임이 없슴을 밝힙니다.
상상에 맡기겠슴.
일행들과 푸지게 먹었슴.

전문 편집자가 교정을 본 출판물에는 '있슴' '없슴' '먹었슴' 같은 표기가 거의 나오지 않는다. 그런데 텔레비전 자막, 손으로 써 붙인 벽보, 광고용 인쇄물 같은 것을 보면 '-슴'으로 쓴 예가 적지 않다.

명사형 어미 '-음'을 '-슴'으로 잘못 쓰는 현상이 많이 나타나게 된 것은 1988년 한글맞춤법 및 표준어 규정 개정과 관계가 있다. 한글맞춤법이 개정되면서 교과서 표기법도 바뀌었는데, 이때 어미 '-읍니다'가 '습니다'로 바뀐 것이다. 사람들은 여기에 대체로 재빠르게 적응했다. 초등학교 1학년 꼬맹이들이 교과서를 읽을 때 '학교에 갔읍니다'를 글자 그대로 '학교에 갔, 읍니다'로 힘들여 읽는 현상도 없어지게 되었다.

그런데 사람들은 '-읍니다 → 습니다'를 확대 적용해서 '-음'도 '-슴'으로 적어야 하는 것으로 오인하였다. '먹음'을 '먹슴'으로 잘못 적는 사람도 아주 없진 않겠지만, 발음을 '먹슴'으로 하지는 않으니까 이런 예는 드물다. 그런데 '-음'으로 적어도 '-슴'으로 소리 나는 '있음' '없음' '먹었음' '하겠음' 등은 '-읍니다'가 '-습니다'로 바뀌었으니, 당연히 '-슴'으로 적어야 옳을 것 같다. '먹었습니다'를 줄여 쓰면 '먹었슴'이 될 것 같기도 하다.

그렇지만 '있슴' '없슴' '먹었슴' 등은 틀린 표기이다. 왜 그런가?

감(가다), 옴(오다), 꿈, 넒, 놀람, 흐름, 흔들림, 푸름

있음, 좋음, 막음, 얄궂음, 가겠음, 슬펐음

위와 같이 동사와 형용사의 어간에 붙는 '-ㅁ' '-음'은 명사형 어미다. 말하자면 영어에서 동사에 -ing가 붙어 동명사가 되는 것과 같다. 어간에 받침이 없으면 '-ㅁ'이 붙고 받침이 있으면 '-음'이 붙는다. 따라서 서술형 종결어미 '-습니다'나 의문형 종결어미 '-습니까'와는 한목에 취급할 수 없다. 어법을 다른 사례에 적용할 때는 신중해야 한다.(서술형 종결어미로 받침이 없을 때 '-ㅂ니다'가 오므로, 받침이 있을 때는 '으' 모음이 첨가되어 '-읍니다'가 돼야 일반적인 규칙에 맞는다. 그런데 언어 현실의 변화는 '먹습니다' '좋습니다' '아름답습니다'와 같이 '-습니다'의 우세로 기울어, '-읍니다'가 도태되고 말았다.)

'있슴' '없슴' '맡기겠슴' '먹었슴' 등은 단순한 표기의 잘못이지, 어떤 의미 있는 현실을 반영하고 있지 않다. 글쎄, 세월이 많이 흐르면 '좋슴' '먹슴' 등이 발음과 표기에서 모두 우세해져 '-음' 대신 '-슴'을 맞

는 표기로 삼아야 될 날이 올까? 모르겠다. 그렇지만 '-슴'이 맞다고 생각해서 '있슴' '없슴' '먹었슴'으로 써온 분들은 더 이상 무식을 뽐내지 말고, 지금부터 '있음' '없음' 등으로 바로잡아 써주셔야겠다.

'거칠은'과 '때 절은'

 시는 삶을 이야기하는 형식이면서도 나날의 생활 감각에 사로잡힌 근시안을 벗어나 삶을 색다른 기분으로 응시할 수 있게 해주어서 좋다. 그래서 늘 일과 생계에 얽매인 우리들일지라도 스스로 시를 써보고 다른 이들의 시를 찾아 읽는 것인지 모른다.

> 돌아간다
> 돌아간다
> 술잔이 돌아간다
> 맺힘 없는 눈길로 술잔을 건네는
> 인구 아저씨의 **거칠은** 손……
> ―전상순 〈인구 아저씨〉 5연

어디 가는가 묻지 마라

세상의 때 절은 옷 훌훌 벗고

날개 같은 삼베 내 옷 입을란다

투명한 하늘 가슴까지 날아갈 거다

내 가는 곳 묻지 마라

―노창선 〈염습하는 봄〉 2연

(이상 《삶이 보이는 창》 2002년 10·11월호에서. 강조는 인용자)

여기엔 코 세우고 턱 깎지 않은, 도깨비처럼 분칠하지 않은 삶의 한 장면이 있다. 살아가는 일이란 정녕 그 속내를 거침없이 그려 보일 때 이토록이나 슬픔을 머금은 것일까.

'거칠은'과 '(때에) 절은'의 바른 표기는 '거친' '(때에) 전'이다. 왜 그럴까? 우리말의 규칙을 알아보는 좋은 방법은 같은 유형의 좀 더 평범한 다른 단어를 찾아 비교해보는 것이다. '거칠다'(형용사), '절다'(동사)와 마찬가지로 어간이 ㄹ받침으로 끝나는 '(맛이) 달다'와 '만들다'를 생각해보자.

포도가 단 맛이 난다, 빨갛고 단 사탕, 맛이 다니 좋다
철수가 만든 책상, NGO를 만드니 시민운동이 잘 된다

울다, 날다, 졸다, 힘들다, 내걸다, 쓸다, 밀다, 뒹굴다 등등의 단어들도 모두 '-ㄴ' '-는' '-니' '-오' '-ㅂ니다' 등의 어미와 결합할 때 발음을 부드럽게 하기 위해 'ㄹ'이 탈락한다.

우리는 '단 맛' '단 사탕'이라고 소리 내지 '달은 맛' '달은 사탕'이라고 하지 않는다. '힘든 일' '만드는 사람'이라고 하지 '힘들은 일' '만들는 사람'이라고 하지 않는다. 그렇지만 '맛이 달으니(다니)' '거리에 내걸은(내건)' '빗자루로 쓸은(쓴)' '날으는(나는) 새' '때 절은(전) 잠바' 등등과 같이 ㄹ을 탈락시키지 않고 소리 내고, 쓰는 일도 적지 않다. 즉, 말의 규칙으로 인정되었다고 해서 말의 사용 실제에서 그 규칙이 늘 일정하게 그대로 구현되는 것은 아니다.

시어에서는 입말의 느낌을 그대로 살리기 위해, 맞춤법에 어긋나더라도 입말 표현을 가감 없이 채용하

는 수가 있다. 또 운율을 맞추거나 리듬감을 살리기 위해 일부러 음절을 늘여 쓰거나 표기를 변형하는 수가 있다.

또 '나는 새' '때 전 옷'과 같이 쓰면 '날다' '절다'의 의미가 시각적으로 바로 들어오지 않는 듯해 '날으는' '때 절은'과 같이 어간의 형태를 유지해 쓰려는 경향도 있다.

그렇지만 내 생각에 위 시의 구절에서 굳이 맞춤법을 지키지 않을 필요는 없겠다.

　　인구 아저씨의 거친 손……

　　세상의 때(에) 전 옷 훌훌 벗고

위와 같이 써도 시상을 표출하는 데 아무런 부족함이 없다.

가늠하다, 가름하다, 갈음하다

<u>왜 '우리말 클리닉'일까</u>

우리말을 바르게 잘 쓰자고 두런두런 이야기하는 난의 제목이 왜 하필 '우리말 클리닉'일까?

《창》의 송경동 씨가 필자에게 전화를 걸어와 원고 줄 때가 되었다고 알려주면서, 꼭지 이름을 바꾸면 안 되겠느냐고 물었다. 딴은 그렇다. 우리말 '바로쓰기'나 '길라잡이' '다듬기' '가꾸기' 같은 제목이라야 내용과 포장이 딱 들어맞는 것 아니겠는가. 그런데 우리말 '순화'도 '정화'도 '치료실'도 아닌 꼬부랑말 '클리닉'이라니, 짜증나는 이도 있을 법하다.

우리말을 아름답게 가꾸고 바르게 쓰자는, 자기만족과 보람 외에는 별로 생기는 것 없는 운동을 열정과 끈기로 펼치고 있는 분들이 참으로 많다. 그 분들의 글과 책을 두루 섭렵하지는 못했지만, 내 깜냥으로는 그래도 눈에 띌 때마다 열심히 읽고 많은 것을 배우고 있다. 사실 어색하거나 틀린 말법을 찾아내 바로잡아주고 좋은 우리말 표현을 찾아 널리 쓰이도록 힘쓰는 그 분들의 노력이 없다면 우리말은 비틀비틀, 더욱 어지러운 걸음을 걷고 있을 것이다.

그렇지만 나는 누구나 쓸 법한 '우리말 가꾸기' 같은 제목을 붙이지 않았다. '우리말'에 대한 자의식을 쏙 빼고, 그냥 저잣거리의 감각으로 생각해보면 어떨까. 오히려 우리말 '클리닉'이 먼저 떠오르지 않을까. 무슨무슨 클리닉이라 깔끔떨며 붙어 있는 병원 간판들이나 무슨무슨 플라자, 라운지, 아트홀 같은 혀 짧은 제목들을 두둔하자는 게 아니다. 우리말 가꾸기는 가꾸기대로 제 갈길 가고, KTF니 에버랜드니 씨네마플러스니는 또 그것대로 가는 식은 되지 말았으면 하는 것이 진짜 내 바람 아닐까. 우리말 '클리닉'이 불만스럽거나 고개가 갸우뚱거려지는 독자는 그만큼 더 우리말을 아끼고픈 마음이 있어서가 아닐까.

우리말 사랑이 불꽃처럼 뜨거운 분들의 주장을 읽다 보면, 어떤 내용은 우리말 순수주의나 순결성에 너무 매여 있다는 느낌을 받을 때가 있다. 말도, 삶도 순종純種은 없다. 우리 몸이 외부세계와 교섭하는 것이 바로 육체적 생존이듯이, 말도 그 본질은 다른 언어와 끊임없이 교섭하면서 생성되고 발전하는 것이다. 말의 운명은 오늘날 세계에서 그렇게 잡종적일 수밖에 없고, 그런 운명 속에서 풍요로워지고 새롭게 모습을 바꾸어가는 것이다.

말은 그 말을 하는 사람이 주인이다. 내 입으로 내 말을 하는, 가장 자유스러워야 할 말하기까지 규범과 도덕과 우열가리기로 짓눌러서는 안 될 것이다. 소통이면 소통, 절규면 절규, 탐구면 탐구인 대로, 말함으로써 한층 자유로워져야지, 말을 잘 가꾸자는 노릇이 되레 말의 굴레를 쓰고 끙끙대게 만드는 구속이 되어서는 안 된다.

가늠하다, 가름하다, 갈음하다

《한겨레》는 일간지 중에서 가장 우리말 가꾸기에

힘쓰고, 관련 기고도 자주 싣는 신문이다. '강호'의 '고수'들이 펼치는 그 번뜩이는 우리말 사랑에서 나는 많은 깨우침을 얻는다. 그렇지만 더러는 고개가 갸웃거려질 때도 있다.

'~에 다름 아니다'와 비슷하게 쓰는 일본말투로 젠체하기 좋아하는 인물이 취임 인사를 할 때, 목에 힘을 주어 이말 저말 지루하게 늘어놓고는 간단하나마 이것으로 '인사에 가름한다'고 한다. 민중서림에서 낸 국어대사전에는 '가름한다'를 타동사로 규정해 '구별한다, 분별한다'고 풀고, 한글학회에서 펴낸 우리말 큰사전에는 이름씨 '가름'의 뜻을 '가르는 일'이라고 하고는 '가름한다'를 남움직씨로 규정하고, 예문으로 '승패를 가름한다'를 보였다.

한편, 일본말에는 '~을 ~으로 대신한다'는 뜻으로 쓰는 'か(代)える'가 있어서 '서면으로 인사를 대신한다' —しょめん(書面)をもってあいさつにかえる—처럼 쓴다. 이것으로 보면 '~에 가름한다'는 우리말본에 없는 일본말꼴이므로 위에 보인 인사말은 '인사를 대신한다'고

끝맺어야 한다.

―이수열, 《한겨레》 기고. 인터넷 등록 2002. 10. 16

이 때 쓰는 말은 '가름하다'가 아니고 '갈음하다'인 듯해 사전을 찾아보니 이렇게 나와 있다.

갈음: 이미 있는 것을 다른 것으로 바꾸어 대신함.
갈음-하다.

―한글학회 《우리말 큰사전》

그리고 《남명집언해》, 《능엄경언해》에 나오는 옛 형태를 보이고 있다.(국립국어연구원 《표준국어대사전》)

따라서 위 《한겨레》 글의 지적은 '갈음하다'가 '가름하다'와 발음이 같아서 생긴 착오이다. '갈음하다'는 두루 쓰이기보다 "간단하나마 이것으로 인사말을 갈음할까 합니다"(《금성판 국어대사전》)와 같이 주로 격식을 차려 말할 때 쓰이는 듯하다. 교장선생님이나 기업체 회장님의 훈화가 길어질 때 사람들은 '이것으로 ○○○을 갈음합니다'가 나오길 학수고대한다. 용례를 더 두루 살펴 살려 쓰면 좋은 우리말이지만, 오늘날 그 뜻과 쓰일 데를 정확히 알고 쓸 수 있는 사람은 드물다.

'인사에 갈음합니다'와 같이 쓰는 것이 일본말투의 영향을 받은 것이라면, '이것으로 인사말을 갈음합니다'라고 완전한 꼴로 말하기보다 '(간단하나마) 인사말로 갈음합니다'와 같이 줄여 쓰이기도 한다.

    선수들의 투지가 승패를 (　)→가늠했다.
    발전을 비는 것으로 축사를 (　)→가름했다.
    물이 얼마나 깊은지 정확히 (　)→갈음했다.

어느 것이 맞는지 잘 '가늠'해서 '가름'해보자. 모르면 사전을 찾아보면 된다. 인터넷 국어사전을 찾아도 금방 나온다.

그런데 내가 바로 알고 제대로 써도 다른 사람이 잘 알아듣지 못한다면 그것도 문제다. 굳이 '가름한다'고 쓸 것 없이 '승패를 갈랐다' 하면 더 명쾌하고, 축사를 하면서 축사를 '대신한다'(갈음한다)고 하지 말고 '축하의 말씀을 드린다' '축사를 마칩니다' 하면 더 듣기가 좋다. '갈음하다'라는 우리말 표현이 사라지는 것이 안타까우면, 혼동되기 쉽고 제대로 알아들어 주는 사람도 없는 입말에서보다 글에서 좀 더 자주, 정확하게 써주었으면 좋겠다.

심심하면 소금 치지

… 세계 각국의 경축 사절과 내외 귀빈 여러분께도 심심한 감사를 드립니다.

(노) 대통령 취임사를 텔레비전 뉴스로 보는데, '심심한 감사를 드린다'고 하는 대목이 있었다. 그 대목을 듣는데 속으로 쿡 웃음이 일었다.

난 '심심한 감사'라고 하면 왠지 '지루한 감사' '겉으로는 대단한 듯 말하지만 속으로는 별 것 아닌 감사'인 것 같은 착각이 든다. 왜 그런 착각이 생길까?

요즘에는 잘 안 쓰이는 것 같지만, 내가 자랄 때 어른들은 '심심하다'는 말을 흔히 썼다. 밥 먹을 때 반찬이나 국이 싱겁다고 하면 "심심하면 간장 좀 쳐" "심심하면 소금 더 넣어라" "심심하면 고춧가루 타"라고 하였고, 한가한 날에 친구가 마실 오면 "심심한데 장기나 두자."고 하였다. 또 야구장이나 축구장에 가면 "심심풀이 땅콩이요, 심심풀이 오징어요." 하면서 팔에 바구니를 걸고 주전부리할 것을 팔러 다니는 장사꾼들이 있었다. 그래서 '심심하다'고 하면 내게는 지루하다거나 싱겁다거나 그런 말처럼 느껴진다.

물론 '심심한 감사'의 '심심'은 그런 심심이 아니라 한자로 쓰는 심심이다. 그런데 이 '심심'을 한자로 쓸 수 있는 사람이 과연 몇이나 될까.

심심甚深하다. 즉, '매우 깊다'는 뜻이니 쉬운 말을 어렵게 한 것이라 하겠다. '심심한 감사' '심심한 조의' '심심한 경의' 이런 표현들은 격식을 차린 말이다. 이런 어구를 쓰면 예의를 벗어나거나 분위기와 동떨어질 염려가 없어 편리한 점이 있다.

그렇지만 정말로 '대단히 깊은' '절실함'을 담은 표현으로 다가오지는 않는다. 자신의 진정을 또렷하게 나타내려면 그것을 고스란히 전하는, 유일한 자신의 말을 찾아내야 한다.

잔디

잔디

금잔디

심심 산천에 붙는 불은

가신 님 무덤 가에 금잔디.

봄이 왔네, 봄빛이 왔네.

버드나무 끝에도 실가지에.

봄빛이 왔네, 봄날이 왔네.

심심 산천에도 금잔디에.

―김소월 〈금잔디〉 전문

여기서 심심은 심심深深이다. 깊고 깊다는 뜻이다. 그러고 보면 말이 대단히 자유롭게 운용되는 것 같으면서도 그 놓이는 자리나 어울려 쓰이는 모습이 제한적이고 미묘하다. '심심하다'는 말을 자꾸 잊어가는데, 국이 '짜다' '싱겁다'라고만 하지 말고 '심심하다'도 자주 써보자.

대통령의 취임사는 '뜨거운 감사' '심심한 감사' '깊은 위로'와 같이 표현을 바꿔가기 위해 '심심한'을 택한 듯 보인다. '심심한 감사'는 '싱거운 감사' '지루한 감사'가 되기 쉬우니, 소금을 팍팍 쳐서 이왕이면 '짭짤한 감사'를 드려보라고 권하고 싶다.

'좋은 날씨구나'와 '어머님 전상서'

"좋은 날씨구나"

미야자끼 하야오 팬인 후배가 빌려준 애니메이션 〈마녀 배달부〉를 보고 있는데, "좋은 날씨구나"라고 말하는 대목이 눈에 띈다. 원래 대사가 무엇인지는 일본말을 몰라 알 수 없지만, "좋은 날씨구나"는 번역투다.

도시 생활에다 나는 주로 사무실에 죽치고 앉아 있는 때가 많으니, 날씨 얘기를 할 때가 적다. 요즘 농사꾼들은 어떤지 모르지만, 어려서 듣던 어른들 얘기에는 날씨 얘기, 날씨 걱정이 참 많았다. 지금은 기억나는 게 별로 없는데, '날씨'라는 단어도 잘 쓰지 않았던 것 같다. "날 좋다" "날 궂겠는데" "날이 추워서" "날 더운데 쉬었다 합시다" "날이 좋아야 할 텐데" 이렇게 말했지, "좋은 날씨야" "참 궂은 날일세" 이런 식으로 말하는 것은 듣지 못했다.

여러 외국어가 가까이에 있다 보니 번역투의 영향도 많다. 사실 아이들이나 젊은 세대들은, 어떤 말은 죽 써온 우리말투보다 번역투를 더 자주 접하게 된다. 그래서 번역투인지 아닌지도 모르고, 심지어는 우리말투가 더 생소하게 들리는 경우도 있을 것이다.

그렇지만 평상시에 늘 외국어를 읽고 쓰고 말하는 사람이라면 모를까, 그렇지 않은 사람에게는 당연히 우리말이 가장 친숙하고 몸에 밴 언어다. 조각난 우리말이 아닌, 우리말의 전체 구조 속에 놓아보면 어떤 것이 어색한 표현인지 알 수 있다. 지금 당장은 모르고 못 느끼더라도, 조금만 우리말에 대한 자의식을 가진다면 훨씬 우리말답고 자연스러운 표현을 어렵지 않게 발견해낼 것이다.

대중매체와 상업광고들이 쏘아대는 언어의 홍수 속에서 잡탕 언어, 짬뽕 언어를 피할 길은 없다. 그것 자체가 언어의 활력이고 매력이 되기도 한다. 그러나 우리말의 특질과 매력과 풍성함을 가장 잘 간직하고 있는 것은 문학이라 할 것이다. 물론 여기엔 음성적 재생이 없기 때문에 미흡함이 있다. 그러나 어떤 이는 소월의 시에서, 지용의 시에서, 상허의 소설에서, 이문구의 소설에서 음성까지도 들을 수 있을는지 모른다.

그리고 글을 쓰는 사람들은, 오늘의 글쓰기가 후대에 좋은 우리말 자료로도 읽힐 수 있도록 살아 있는 우리말을 쓰는 것 또한 중요하다는 것을 생각해야 한다.

'어머님 전상서'인가

1980년대든가 '우정의 무대'라는, 군부대를 찾아가는 텔레비전 프로를 열심히 본 적이 있는데, 요즘에도 비슷한 프로가 있나보다. 앳돼 보이는 '군인 아저씨'들의 뭔가 '어리뜩한 표정'은 예나 지금이나 다름없는데, 무슨 프로인가 했더니 KBS 2TV의 '청춘! 신고합니다'라는 거다. '필승!' 하고 거수경례를 하고, 애인 이름을 외쳐 부르고, 무대로 어머니가 나타나

모자 상봉하며 울먹이고…. 남북분단이 여전하고 징병제가 여전하고 텔레비전이 여전하니, 화면에 그려지는 그림도 예나 지금이나 여전하다.

모자 상봉하는 이 프로그램의 하이라이트에서 어머니에게 편지를 보내는데, 고색창연하게 '어머님 전상서'라 이름하였다. 자막도 멘트도 '어머님ˇ전상서'다. 이등병 아들이 쓴 편지를 화면에 잡았는데, 편지지에 쓰인 글자도 '어머님' 하고 떼어서 '전상서'다. 뭐가 잘못되어서 그러느냐고?

전상서는 前上書다. 한자다. 前은 '앞'이고 上書는 '글을 올린다' '올리는 글'이다. 그러니까 어머님前上書는 '어머님께 글을 올립니다'다. '어머님께 올리는 글'이든가.

그래서 '어머님ˇ전상서'라고, 어머님 떼고 전상서라고 쓰거나 말하는 것은 마치 '어머님ˇ께 올립니다'라고 쓰고 말하는 것과 같다. 우리말이 띄어쓰기가 어렵다지만 초등학교 1학년에게 쓰라고 해도 '어머님ˇ께 올립니다' 이렇게 떼어 쓰는 것은 나오기 어렵다.

젊은 사병에게 '어머님전상서'를 쓰게 해서 '어머님

ˇ전상서'가 나오는 것은 어쩌면 당연하다. 자기가 평소 쓰던 말투가 아니기 때문이다. '어머님'은 우리말이고 '전상서'는 한자니까 '어머님'에서 한 번 띄어쓰기를 한다. '전상서'가 무엇인지 정확히 알기 어려우니까 '어머님께' 정도로 이해했다고 해서 틀렸다고 볼 수도 없다. 그렇지만 방송의 자막이나 진행 멘트는 정확하게 나와야 되지 않을까. 떼어 쓰려면 '어머님전ˇ상서' 또는 '어머님ˇ전ˇ상서'로 쓰고 발음도 '어머님전ˇ상서'로 구분해야 한다.

외국인노동자와 '코시안'

지난 7월 19일 문화방송 '!느낌표' 프로그램은 청와대를 찾아가 노무현 대통령 부부가 이 프로그램에 출연했다. '아시아 아시아' 코너에 나왔던 외국인 노동자들이 유창한 우리말로 대통령에게 이야기한다.

만나게 되서 감사합니다.

자막에 이렇게 외국인 노동자의 말이 표시되었다. 요즘엔 웬만한 프로그램엔 출연자들의 말이 그대로 자막으로 나온다. 식당이나 대합실 같은 시끄러워서 소리를 알아듣기 어려운 장소에서는 유용하겠지만 지나치게 자막을 많이 써서 과잉 친절이란 생각이 든다. 자막을 보면 표기법이 틀린 경우도 상당히 많다. 기초적인 맞춤법도 많이 틀린다.

사람들이 글을 쓸 때 의외로 '되다'의 '되'와 '돼'를 잘 구별하지 못한다. 알고 보면 간단하다. '되'는 어간으로, 뒤에 '어' '게' '지' '고' '며' '는' 등등이 붙어야 하고, '돼'는 '되어'를 줄여 쓴 표기이다. 따라서 '되어'로 바꾸어 보아서 자연스러우면 '되'가 아니라 '돼'라고 써야 맞는다.

되도록이면

되지 않을 일

그렇게 되면 곤란해

잘 되고 있더라

는 모두 '되'로 써야 하고

만나게 돼서 감사합니다 → 되어서

잘 됐어 → 되었어

그렇게 돼야 한다 → 되어야

말해야 돼, 말하면 안 돼 → 되어

는 모두 '되어'의 준말이니 '돼'로 써야 한다.

이렇게 구별해 보면 '되'로 표기할 곳과 '돼'로 표기할 곳을 쉽게 알 수 있다.

지역에 따라 외국인 노동자들이 밀집해 있어서 새로운 문화, 새로운 풍물을 만들기도 한다. 며칠 전 월마트에 갔더니 쇼핑 온 동남아 지역 외국인 노동자들의 모습이 눈에 많이 띄었다. 근방에 가구 공단이 있고 다른 공장들도 많다. 내가 사는 곳은 고양시다.

안산시를 취재한《우리교육》8월호 기사를 보니, 한자로 쓰인 '食品店'과 '換錢所' 간판이 찍힌 거리 사진을 실었다. 중국 등 한자 사용권에서 온 외국인을 상대로 하는 가게들이고, 이들 외국인 노동자들은 지역 경제 내지 우리 경제의 중요한 부분을 차지하고 있는 것이 엄연한 현실이다.

우리나라는 텃세가 심하다. 예전에 친척 집에 가느라 다른 동네를 지날라 치면 괜히 싸움을 걸어오거나 돌을 던지는 아이들 때문에 전전긍긍하던 생각이 난다. 외래 물품이나 다른 인종에 대한 경멸과 무시도 심하다. 그런 반면 선진 외국에 대해서는 극단적으로 동경하고 숭배한다. 정착 농경민의 정서인지 모르겠지만 시대가 바뀌었으니 의식도 바뀌어야겠다. 색다른 피부, 색다른 삶의 방식도 우리와 똑같이 존중하고, 동화되어 오는 사람들을 잘 받아들여 함께 살아가야겠다.

코시안. Korean과 Asian을 합한 말.
…작은 바람 때문일 것이다. 한국인은 못 돼도 '한국의 구성원'으로 받아들여지는 사람들이 조금이라도 많아졌으면 하는.
아이들에겐, 특히 한국인과 이주노동자들 사이에서 난 아이들의 경우엔 더 간절한 바람이다. 그렇게라도 불러주지 않으면 아이들은 '튀기'가 되고 만다. '성매매가 잉태시킨 원치 않는 아이'가 아닌, '사랑이 싹틔운 고대하던 아이'인데도 한국은 그걸 구별하지 못한다.
—〈12세, 꿈을 잃다〉,《우리교육》8월호 68~69면

'튀기'는 혼혈아, 잡종을 가리키는 말이다. 1980년대까지 써온 민중서관 사전을 보니 그때는 '트기'가 표준말로 나온다. 튀어 보여서 '튀기'인가? 말에는 기본적인 뜻 이상의 갖가지 사회문화적 함축이 묻어 있다. 경멸받는 '튀기'가 되기 싫어 '코시안'이라는 말을 쓴다.

말에도 역사가 있다. 말의 역사가 입힌 더께를 씻어내고 쓸 수도 있겠고, 더께와 함께 말 자체도 버리고 새 말을 만들어 쓸 수도 있다. 문제는 그게 아니다. 약자에게 강하고 강자에게 약한 치졸함을 던져버리자는 것이다.

가격이 저렴하다

도서관, 책과 관련된 어떤 모임에서 여행을 가게 되었다. 일행 중에서 이야기를 위트 있게 하는 교수님 한 분이 괜히 어렵게 쓰이는 우리말 사례를 지적했다.

"백화점에 가면 이러죠. 어서 오세요. 가격이 저렴합니다. 많은 이용 바랍니다."

가격이 저렴하냐? 값이 싸지! 이런 말씀이었다.

백화점이나 새로 개업한 매장에 가면 화장한 늘씬한 처녀들이 산뜻한 유니폼을 입고 요란스럽게 손님을 부르던 광경이 떠올랐다. 과연 '가격이 저렴합니다'를 외쳤던 것 같다. 남대문시장통 좌판에서는 '골라, 골라, 싸요, 싸!'라고 하던가?

고창 읍성을 둘러보고 판소리 박물관에 들어갈까

하는데, 창구에서 아주머니가 "매표하고 들어가세요." 한다.

이번에도 교수님이 딴죽을 건다. "팔 표가 없는데요?"

표를 사는 것도 매표買票고 표를 파는 것도 매표賣票다.

"표 끊고 들어가요."

아주머니가 말을 바꿨다.

그렇지, 표를 끊는다는 말이 있지. 나는 '표 사세요'만 생각했는데. 요즘엔 '매표소'로 된 곳도 있고, '표 사는 곳'으로 바뀐 곳도 많다.

같은 의미라도 어떤 말이 선택되는가는 사회적 맥락에 따라 다르다. 요즘은 그래도 괜히 폼잡는 표현이 많이 사라졌는데, 꼭 그런 것만도 아니다.

자유로를 달려 출퇴근하는데, 최근에 보니 도로공사를 벌이면서 '노견 없슴'이라는 표지판을 붙였다. '없슴'이라니! 표지판을 쓰면서 최소한 맞춤법에 맞는지 한번 정도는 검토해봐야 하지 않나.

며칠 뒤에 보니 '노견 없음'으로 맞춤법은 바로잡았는데, '노견'이라는 오래전에 죽은 말은 그대로 남아 있었다. '노견路肩'의 견은 어깨 견肩자일 텐데, 어색한 한자 조어다. 그래서 벌써 여러해 전에 '갓길'로 바꿔 쓰기로 한 것이 자리를 잡아 요즘엔 다 '갓길 없음' '갓길 통행 금지' 등으로 써왔다. '갓길' 대신 '길섶'으로 써야 한다고 주장하는 국어학자도 있으나, '길섶'은 길과 풀섶이 만나는 부분이지 큰길의 가장자리 길이라는 느낌은 주지 않는다. 그런데 누가 새삼 죽은말을 끄집어낸 걸까? 말에 대한 무감각과 고지식함이 한심스럽다.

쉬운 말을 쓰는 것이 쉬운 일 같지만 사실은 쉽지 않은 경우가 많다. 앞에 말한 교수님처럼 몸소 앞장서 쉬운 우리말 쓰기를 실천하는 분도 있지만, 특히 교수나 학자, 전문가들은 쉬운 말로 글을 쓰라 하면 잘 되지 않는 분이 많다. 외국책을 많이 봐서 그런지 입만 열었다 하면 외국말이 시도 때도 없이 튀어나오는 사람들도 있다. 쉬운 말, 모두가 통하는 말을 찾는 것도 공부가 필요한 일이다.

소설가 김성동 선생을 만나면 "…문허진 성터…"를 뇌며 그 '문허진'의 정서를 몸으로 그리워하는 것을 보게 된다. 그것은 '무너진 성터'로는 불러올 수 없는 정서다.

물론 요즘 시구는 아니지만, 또박또박 쓰는 표준말로는 담기지 않는 허무와 쓸쓸함이 '문허진 성터'에서 묻어나온다. 다산 정약용이 유배지에서 아들들에게 보낸 편지를 읽어보면, 요즘의 문장에서 맛볼 수 있는 것과는 다르게 살가운 육친의 정이 느껴진다.

쉬운 말, 맞는 말을 찾아 쓰되 기계적인, 기호적인 말이 아닌 병아리 깃털처럼 하르르 물결치는 말맛이 우러나오는 말을 쓸 수 있으면 좋겠다. 백석의 시구처럼….

산턱 원두막은 뷔었나 불빛이 외롭다
헌겊심지에 아즈까리 기름의 쪼는 소리가 들리는 듯하다

잠자리 조을든 문허진 성터

반딧불이 난다 파란 혼들 같다

어데서 말 있는 듯이 크다란 산새 한 마리 어두운 골짜기로 난다

―《定州城》에서

'생략'과 '괄호'를 아셨나요

省略.

요즘에는 덜 쓰이지만 예전에는 책이나 문서를 보면 이 '생략'이라는 단어가 자주 나왔다. 중략中略, 하략下略이라는 말도 종종 쓰였다. 예전에는 한자를 드러내 썼지만 지금은 그냥 음으로 쓰는 경우가 더 많다.

'생략'의 생省은 성찰省察, 반성反省과 같이 대부분 '살필 성'자로 쓰인다. 그래서 省略이라고 쓰인 걸 보면 '성략'이라고 읽어야 할지 '생략'이라고 읽어야 할지 헷갈릴 때가 있다. 같은 글자가 '살필 성'과 '덜 생'자로 뜻이 아주 다르고 음은 비슷해서 생기는 문제다. 한자의 묘미이기도 하지만, 부적절한 자리에서 혼동하면 망신을 살 수도 있다.

박상률의 청소년 소설 《봄바람》(사계절)을 읽다보니 재미난 장면이 나온다. 방학이 끝날 무렵이면 누구나 그렇듯, 이 소설의 주인공인 초등학교 6학년 훈필이도 밀린 숙제에 매달린다. 더구나 짝사랑하는 옆집 은주가 방학책을 빌려달라고 하지 않는가. 밤을 새워 방학책을 푸는데, 도저히 알 수 없는 문제가 있다.

나는 괄호 넣기 문제 때문에 끙끙 앓았다. 몇 개는 앞뒤 문장을 봐서 적당히 말만 되게 엮어서 채웠다. 그래도 안 되는 것이 몇 개 남았다. 그건 할 수 없이 빈 칸으로 남겨 두기로 했다.

그런데 바로 그 순간, 머리를 휙 스쳐 지나가는 것이 있었다.

"맞다! 바로 그거다!"

언젠가 학교에서 일제 고사를 치르고 나서 채점을 할 때 담임 선생님이 가지고 있던 모범 답안지에 '생략'이라고 쓰여진 칸이 있었다는 사실이 떠올랐던 것이다.

아, 살았다! 괄호 넣기 중 어려운 것은 대부분 '생략'이 답이다! (줄임)

나는 '생략'이라는 말의 뜻이 무엇인지 알아볼 겨를도 없이 곧바로 비어 있는 괄호마다 '생략'이라는 말을 꾹꾹 눌러 가며 열심히 써 넣었다.

마침내 나는 의기양양해하며 은주를 기다릴 수 있었다. (100~101면)

모범 답안에 '생략'이라고 되어 있으니 답이 '생략'이라는 것인가, 답을 '생략했다'는 것인가? 하여간 훈필이의 머리가 기발하게 돌아갔다.

초등학교를 졸업하기 전까지 '생략'의 뜻을 알았던 아이들이 얼마나 될까? 일제시대도 아닌데 왜 늘 일제 고사만 보고, 국산 고사는 없는가.

생략, 중략, 하략, 이하 생략 등은 다른 글을 따올 때 많이 쓰인다. 옛날이야 누구나 다 이렇게 썼고 한자를 노출해 쓰는 글에서는 이런 표현을 쓸 수밖에 없었지만, 요즘 대중적인 글에서 이렇게 쓰면 고리타분하고 어색하다. 물론 '…'와 같은 부호로 대신하기도 하는데, 부호는 경우에 따라서는 원래 문장에 있던 것으로 혼동될 우려도 있다. 그래서 뭐라고 바꿀까 생각해보니 '줄임' '중간 줄임' '아래 줄임' 같은 것이 생각난다. 그런데 굳이 '중간 줄임' '아래 줄임'같이 쓸 필요가 있을까? 줄였다는 말이 들어 있는 대목에서 줄인 것이니까, 구태여 중간이니 아래니 뒤니 앞이니 하고 붙여줄 필요가 없다. 그냥 '줄임' 해버리면 간단하고 분명하지 않은가.

위 인용문 중에도 중간에 한 문장을 '생략'한 곳이 있어, 중략中略 대신 '줄임'을 넣었다.

'봄바람'의 훈필이는 '괄호 넣기' 문제 때문에 끙끙 앓았는데, 나는 이 '괄호 넣기'의 '괄호'라는 말을 몰랐다. '괄호'란 말이 책에 쓰여 있었거나 선생님이 칠판에 써주었더라면 사전을 찾아서라도 해결했을 것이다.

선생님이 (4×6)÷8=3을 쓰면서
"자, 가로 열고 4 곱하기 6, 가로 닫고, 나누기 8 니 꼬르는… 3이니까…."

산수 시간에 늘 '가로 열고' '가로 닫고'가 나왔는

데, 아무리 머리를 굴려도 '('가 왜 "가로 열고"가 되고 ')'가 "가로 닫고"가 되는지 알 수 없었다. '='는 또 왜 '니꼬르' '니꼴' '니콜'인지 아리송하기만 했다.

아무도 가끔 한번쯤 '괄호'라고 정확히 발음하는 사람이 없었고, '니꼬르'는 'equal'이라고 알려주는 사람이 없었다. 글쎄, 다른 아이들이 나보다 크게 명민하지도 않았으니 적어도 십중팔구는 나처럼 아리송하게 여겼을 것이다. 그러나 그 시절 도대체 아이들은 수업시간에 질문을 하는 법이 없었다.

하긴 그렇다고 해서 무슨 일이 벌어지거나 크게 곤란을 당한 적도 없다. 그리고 중학생 때인지 고등학생 때인지 모르지만 그 말뜻도 자연히 깨치게 되었다.

괄호는 '묶음표'라고 한다. "묶음표 열고", "묶음표 닫고" 하면 어색하니까, "4×6을 (괄호로) 묶고, 8로 나누면 3이다"와 같이 써도 되겠다.

띄어쓰기가 어렵다고 붙여 쓸까

지난 3월 12일 한나라당, 민주당, 자민련이 국회에서 노무현 대통령 탄핵안을 밀어붙였다. 16대 국회 내내 국민을 답답하고 분통 터지게 하더니, 드디어 임기 두 달여를 남기고 광기를 발동했다. 노무현 대통령이 이뻐서가 아니라, 정치개혁도 사회개혁도 발목을 꽉 잡던 부정부패 세력이 기득권을 수호하고자 비이성적 행태의 극치를 보인 것에 시민의 분노는 폭발했다. 2002 월드컵 거리응원의 열기와 미선이 효순이를 추모하던 촛불집회의 물결이 재현됐다.

국회에서 열린우리당이 필사 저지하는 가운데 국회의장이 경호권을 발동하여 의사진행을 막는 의원들을 끌어냈다. 그리고 투표가 진행되고 "자업자득이야"라는 국회의장의 외침과 함께 193명 의원의 찬성으로 대통령 탄핵안 가결이 선포됐다. 한국 정치사상 초유의 사태였다. 국회가 군사쿠데타의 주역 박정희를, 전두환을, 노태우를 탄핵한 적이 있었던가!

인터넷 사이트마다 엄청나게 의견이 폭주했다. 다음은 네이버 블로그에 올라온 글들.

터무니없는 탄핵가결로

(줄임)

그것이 불합리하다는 생각.

그것을 타파해야한다는 의지.

결코 잊지 말아야한다는 다짐.

침묵 ▶◀[謹弔]대한민국 국회

여뉘 4월 15일날 알겠죠~ 지금 무슨 일을 한건지...

이게 뭔가?

내가 뽑은 대통령이지만

항상 실수 자주해서 "바부탱이"라구 했지만...

막상 시민에 의해서가 아닌(다수의 시민이 지지하는 탄핵이라면 정당할 것임)

자기 기득권을 지키기위해 딴나라당과 민쭈당에 의해 탄핵 되었다하니

환장할 노릇이다.

레밍   나도 뽑았는데.. 헉.. 투쟁모드로 변신해야 할 것 같은..

혼짱   전적으로 동감!

새벽   아아. 기가 막힌 일이지요. 정말. 이번 총선에는 꼭 투표할 거에요. 꼭!

귤이   흠.학교에서 교슈님들이 섭 일찍 끝내면서 국회로 가라고 했다더군요.ㅋ 정말 답답해요._.._..개인적으로 노무현은 별루지만 한나라당이나 민주당도 싫음..

쑴   다들 똑같다는... 국민을 호구로 보나 봅니다. 나라는 자기들 것이 아닌데... 저두 총선 애초에 관심 끊었었지만... 꼭 해야겠다는 오기가 생기는 군요~

홍란　국민들이 이번 총선에서 보여주는 수밖에 없을것 같습니다. 국민의 뜻을...
　맑은샘물　저두요 ___+ 국회의원들 정말 다 시러요 ㅠㅠ 휴~~~~
　쌕쉬골룸　누가 누굴 어찌한다는것 자체가 아주~~아주~~우습죠.미쳤어요 다들..

　감정과 생각을 즉흥적으로 표현하는 이런 글쓰기에 맞춤법을 꼼꼼히 지킬 것을 요구할 필요는 없다. 맞춤법의 일그러짐, 다양한 부호의 파격적 사용, 표정 문자의 사용 등등은 또 하나의 발랄한 표현법이다.
　그렇지만 습관적으로 잘못 쓰는 것들은 제대로 익혀둘 필요가 있다. 알아두면 웬만해서 틀리지 않을 띄어쓰기 몇 가지를 살펴보자.

　(1) "타파해야한다는 의지" "말아야한다는 다짐"
　'~어(아)야 한다'를 '~어(아)야한다'로 붙여 쓰는 사람들이 의외로 많다. 아마 '공부하다' '좋아하다'와 같이 '~하다'는 대개 붙여 쓴다는 생각에서 그러는 듯하다. '~어(아)야 한다'는 한덩어리 말이 아니므로 떼어 써야 한다. 따라서 "타파해야 한다는 의지" "말아야 한다는 다짐"과 같이 떼어 쓰면 된다.

(2) "실수 자주해서" "탄핵 되었다하니"

여기서도 앞말과 한덩어리 말이 아닌 '하다'를 잘못 붙여 썼다. '자주'는 부사고 '하다'는 동사이므로 떼어 쓴다. '되었다'와 '하니'도 한덩어리 말이 아니므로 떼어 쓴다. '탄핵되다'의 '~되다'는 '이루어짐'의 뜻을 더하고 동사를 만들어주는 접미사로, '탄핵되다'를 한덩어리 말로 본다. 따라서 "실수 자주 해서" "탄핵되었다 하니"와 같이 띄어쓰기를 해야 한다.

(3) "오기가 생기는 군요~"

'~는군요'는 '~는'과 '군요'로 나뉘는 게 아니라, 전체가 동사에 붙는 종결어미다. 여기서는 '달리는 사람' '던지는 공' 등과 같이 뒤에 오는 체언을 꾸미는 '~는'으로 잘못 생각해서 떼어 쓴 것 같다. "오기가 생기는군요"와 같이 '~는군요'는 떼지 말고 붙여 써야 맞다.

(4) "무슨 일을 한건지" "없을것 같습니다" "어찌한다는것 자체가"

'것'은 홀로 쓰이지 못하고 앞에 꾸미는 말이 와야 하는 불완전명사다. '건'은 '것은'이 준 말이다. 불완전명사도 독립된 낱말이므로 떼어 쓰도록 되어 있다. "무슨 일을 한 건지" "없을 것 같습니다" "어찌한다는 것 자체가"와 같이 떼어 쓰면 된다.

'수' '데' '지' '대로' 등의 불완전명사도 모두 떼어 쓴다.

갈 수 있다. 좋은 데를 찾자. 탄핵된 지 사흘이 지났다.
본 대로 말하라.

와 같이 떼어 쓰면 된다.

불법 정치자금은 수수하지 말라

4월 15일 총선에서 극적으로 민주노동당이 10명의 당선자를 내 제3당이 되었고, 국회의원 10선을 꿈꾸던 자민련의 김종필 총재는 쓴잔을 마시고 정계를 은퇴했다.

뉴스를 들어보면 검찰은 김종필 전 총재를 삼성과 SK에서 불법 정치자금을 '수수한' 혐의로 소환 조사를 할 것이라고 한다.

비단 김종필 전 총재뿐 아니다. 노무현 정부 들어서 거의 날마다 불법 정치자금 관련 폭로와 수사 뉴스가 끊이지 않았다. 감옥에 간 국회의원, 고위공직자, 기업인도 많고 잘 먹고 잘 살다가 감옥에 가기가 두려운지 자살 사태도 잇따랐다.

삼성과 SK에서 각각 15억원과 2억원의 불법 정치자금을 수수한 혐의를 받고 있는 김종필 전 자민련 총재와 예비역 고위 장성 중 일부가 현역 시절 인사청탁과 함께 금품을 수수하고…

하이테크하우징에서 4천만 원을 수수하고 같은 해 11월 한나라당에 입당하면서…

시민단체들은 정당이 수수한 불법자금에 대해 세금을 물려야 한다고…

이렇게 '수수하다'라는 표현이 라디오고 신문이고 인터넷 뉴스고 마구 나온다. 그런데 '수수하다'라는 게 무슨 말인가? 별것도 아니다. 위 예문들을 보면 모두 '받았다'는 뜻이다. 나는 법률은 잘 모르지만, 아마 이 '수수하다'가 법률 용어로 법조문에도 나오나 보다.

수수收受: 거두어서 받음. [법] 무상無償으로 금품을 받음. 또는 그런 일. 형법에서, 수뢰죄 및 장물죄 따위를 구성하는 요건이 된다.

이 수수收受를 뜻하나 본데, 수收는 거두는 것, 수受는 받는 것이니 결국 받는다는 말을 어렵게 한 셈이다. 그런데 주고받는 것과 관련 있는 '수수'가 더 있다.

수수授受: 물품을 주고받음.
수수手授: 자기 손으로 직접 줌.

수수授受의 수授는 주는 것이니, 주는 것이나 받는 것이나 음이 똑같이 '수'다. 이런 단어로는 매매賣買가 있다. 사는 것買이나 파는 것賣이나 똑같이 음이 '매'다.

수수手授란 말은 보통 잘 안 쓰는 표현이고, 수수授受와 수수收受의 뜻으로는 '수수'를 종종 쓴다. 이 두 말을 가려 쓰기도 어렵고, '주고받고' '받고' 하면 부드러울뿐더러 뜻도 잘 통하지 않겠는가.

불법 정치자금을 받은 혐의가 있는 …
현역 시절 인사청탁과 함께 금품을 받고 …
하이테크하우징에서 4천만 원을 받고 같은 해 …
시민단체들은 정당이 받은 불법자금에 대해 세금을

물려야 한다고…

법률용어에 있다면 법률용어도 고칠 일이다. 요즘은 한자를 노출해 쓰는 것도 아니고, '수수'와 같은 말은 혼란을 주는 요소가 된다. 군사쿠데타 잔당인 노쇠한 정치인의 퇴장과 함께 자연스레 퇴장시켜도 좋지 않을까. 그렇다고 내가 한자어 일반을 추방하자는 주장을 하는 것은 아니니, 오해하지 마시라.

대화는 행을 바꾸어 써야 하나?

 1968년 버스에 치여 47세의 한창 때에 유명을 달리한 김수영 시인은 70년대와 80년대 가장 추앙받는 시인으로 떠오른다. 참여시, 민중시를 지향하는 젊은 문학도들에게 그는 첨예한 의식의 교사였고, 하나의 명제로 환원되지 않는 그의 문학은 두고두고 자기점검을 가능케 하는 식지 않는 용광로였다.

 그는 모더니즘의 세례를 포즈로서가 아니라 치열한 현실의식의 표출로 끌어올려 진정한 '현대성'을 추구한 '모더니스트'였고, 문단을 향해 가차없는 비판과 신경질적인 독설을 퍼부은 거북스런 '이단아'였다. 시선집 《거대한 뿌리》(1974)는 사회의식에 눈뜬 대학생들이 학습용으로 혹은 멋으로 끼고 다니던 책 중에서 인기 높은 도서였고, 좀 더 '깨어 있음'을 자처하던 문학청년들은 그의 산문집을 야금야금 독파하며 "시는 온몸으로, 바로 온몸을 밀고 나가는 것이다"(〈시여, 침을 뱉어라〉)와 같은 구절에 가슴 두근거리며 밑줄을 그었었다.

김수영이 자신의 언어감각을 직접적으로 드러낸 산문 〈가장 아름다운 우리말 열 개〉는 요즘 우리말 운동을 펼치는 이들이 새삼 음미해볼 만한 글이다. "언어의 변화는 생활의 변화요, 그 생활은 민중의 생활을 말하는 것이다. 민중의 생활이 바뀌면 자연히 언어가 바뀐다. 전자가 주主요, 후자가 종從이다. 민족주의를 문화에 독단적으로 적용하려고 드는 것은 종을 가지고 주를 바꾸어보려는 우둔한 소행이다. 주를 바꾸려면 더 큰 주로 발동해야 한다. 언어에 있어서 더 큰 주는 시다." 어디 꼭 우리말 운동가에만 한할 것인가.

언어감각 이야기가 나왔으니 말이지만, 나는 교과서식의 대화 쓰기(편집)에 대해 문제점을 느껴 이를 글로 발표하기도 했다. 교과서식의 대화 쓰기란 무엇인가? 즉, 대화가 나오면 늘 행을 바꾸는 방식의 글쓰기를 말한다. 행을 바꾸어 쓰면서, 행이 꺾여 넘어갈 때는 일제히 한 글자씩을 들여넣는다. 이런 대화 쓰기 방식이 지닌 문제점은 고전적인 문학작품을 비롯한 많은 글들이 대화를 늘 별행으로 처리하고 있지는 않다는 점만 떠올려보면 금방 짐작할 수 있다.(좀 더 자세한 검토는 필자의 글 〈교과서 대화 편집방식 바꿔야 한다〉, 이 책 132~45면 참조) 교과서가 이런 식의 대화 쓰기 방식을 채용하다 보니, 일반 사람들이 글을 쓸 때 대화는 으레 행을 바꿔 써야 하는 것으로 알고 문맥과 상관없이 행을 바꾸거나, 아예 행을 바꾸어 쓰는 것을 전제로 문맥을 잡아 글을 쓰는 주객전도 현상이 수없이 발생하고 있다.

그런데 김수영의 산문을 읽다 보니, 이미 오래전에 이와 관련한 날카로운 지적이 있어 나는 내심 반가움을 느꼈다.

《무영탑》의 작가나 《자유부인》의 작가나 《북간도》의 작가나 《낙서족(落書族)》의 작가나 《판문점》의 작가의 경우에 매번 변하지 않는 것이 있는데, 그것은 그들이 한결같이 작품의 대화의 부분에서는 행을 바꾸어 쓴다는 것이다. "네" "아니오" "흥" "개새끼" 같은 것까지도 괄호(당시의 따옴표를 말함—인용자)가 붙는 글이기만 하면 무조건 행을 바꾼다. 내가 보기에는 대만 작가들이 이런 후진성을 아직 버리지 못하고 있는 것 같다. 우리나라에서는 서기원의 작품이 좀 그렇지 않을 뿐 거의 모든 작가들이 이 철칙을 연연하게 지키고 있다. 이것만 보아도 우리의 문학이 얼마나 세계의 조류를 등지고 있는가를 측량할 수 있다.

—〈히프레스 문학론〉,《김수영 전집 2: 산문》개정판, 민음사 2003, 280면)

사실 요즘에도 여전히 대중소설뿐만 아니라 이른바 '본격소설'에도 "네" "아니오"와 같은 대화들이 단지 대화라는 이유만으로 별행으로 처리되고 있고, 심지어 원고 매수 늘리기나 독서의 편의를 위해 작품의 내적 구조와는 관계없이 대화를 별행으로 처리하는 일이 적지않이 눈에 띈다.

1964년에 발표된 위의 글은, 35세를 경계로 해서

그 윗세대가 여전히 일본 문예지의 영향권을 벗어나지 못하고 있고 그 아랫세대는 미미한 독서량에다 김동리나 서정주의 (추천을 받고 나온) 아류들이 수두룩하다는 것을 꼬집어내고 있다. 얼마나 밑천이 없고 "세계의 조류를 등지고 있고" 또 이를 극복하려는 노력조차 하지 않는지 기성문단을 통렬하게 성토하고 있는 것이다. 그때로부터 이미 마흔 해가 지났으니 그 시절 35세가 어느덧 75세에 이르렀을 텐데, 2000년대의 젊은 세대는 과연 "김동리나 서정주의 아류" 권역에 있던 선배들보다 무엇을 얼마나 더 가졌다고 내세울 수 있을 것인가?

김수영의 글로 그대로 오늘을 때리기에는 시차가 분명 있지만, 그의 한마디 한마디가 겨냥한 궁극의 핵심이 무엇인가를 생각해보는 것은 오늘에 창궐한 무수한 독설가와 '비판가'들에게 더욱 절실한 과제일지 모른다.

김수영은 위 대목에 연이어서 다음과 같이 쓰고 있다.

나하고 호형호제하는 사이에 있는 어떤 소설가가 군사혁명 때에 나를 보고 "일제시대의 교련 선생이 심하게 굴던 이야기를 쓰려고 하는데 아무 일 없을까?" 하는 말을 묻기에, 나는 아무리 군정이라고 하지만 자유당 때보다는 실질적으로 언론자유가 신축성이 있으니까 아무 일 없을 것이니 마음놓고 쓰라고 격려한 일이 있었다. 우리나라의 글쓰는 사람들의 소심증은 일제의 군국주의 시대에서부터 물려받은 연면한 전통을 가진 뿌리 깊은 것이기는 하지만, 그리고 아직까지도 '자유'의 언어보다는 '노예'의 언어가 더 많이 통용되고 있는 비참한 시대이기는 하지만, 적어도 작가라면 이런 소리를 해서는 아니 된다. "우리 문학이여, 나이를 어디로 먹었는가" 하는 한탄이 저절로 나온다. 우리나라의 펜클럽은 예프투셴코를 모르고, 보즈네센스키를 모르고, 카자코프를 모르고, 〈해빙기〉의 투쟁을 모르고, 앨런 테이트의 《현대작가론》을 모르고, *communication*과 *communion*을 식별할 줄을 모른다. 우리나라의 대가연하는 소설가나 평론가들이 술을 마시기 전에 문학청년에게 침을 주는 말이 있다. —"이거 봐, 어려운 이야기는 하지 말아!" 우둔한 나는 이 말을 완전히 이해하기까지 꼭 15년이 걸렸다.

'파인' '팬'/'서른' '마흔'

　아빠처럼 약간 처진 눈매. 완고해 보이는 입매. 이마에 패인 여러 겹의 주름은 아무리 보아도 쉰 살로는 보이지 않는다.
　아빠는 이른두 살로 돌아가신 지금의 할머니를 모른다. 할머니랑 헤어진 지가 20년도 더 지났으니까.
　―이경자 장편동화《바이바이》, 우리교육 2003, 178면

　이경자 선생은 재일동포 동화작가로 50대의 나이에 장편《바이바이》로 일본아동문학자협회 신인상을 받으면서 고국의 아동문학계에도 알려졌다.
　지난해 12월《바이바이》가 간행되고 올해 초《꽃신》(창비)이 나와, 그의 두 장편이 잇따라 우리에게

소개되었는데, 일본 사회에서 재일동포들이 살아가는 모습을 잘 실감할 수 있는 작품들이다. 재일동포 2세, 3세 아이들이 자라나면서 자기를 발견하며 고민하고, 민족을 발견하며, 또한 일본 속에서 더불어 살아가는 문제를 그 나름으로 풀어가는 모습이 작품 속에 잘 녹아들어 있다.

위 인용에서 맞춤법에 어긋난 단어는 어떤 것일까?

이마에 '패인' → 이마에 '파인', 이마에 '팬'

과 같이 써야 맞는 표기이다.

'파이다'의 준말은 '패다'인데, 보통 입말에서 '패인' '패여'라고 소리 내므로 표기도 그대로 따라 쓰는 경향이 있다. '파이다'를 '패이다'로 소리 내는 것은 '쌓이다'가 '쌔이다'("눈이 많이 쌔였네")로 되는 것과 같이 'ㅣ' 모음의 영향으로 앞 모음의 음가가 변하는 현상이다. 또,

이른두 살로 → 일흔두 살로

와 같이 바꿔야 바른 표기이다.

  나이를 세는 우리말 표현을 정확하게 쓰기가 쉽지만은 않다. 40은 '마흔', 70은 '일흔', 90은 '아흔'이라 쓰지만, 30만은 '설흔'이 아니라 '서른'으로 표기한다. 이것을 발음으로 구분하기는 거의 불가능하다. 어려서 들었던 시골 동네 어른들의 발음을 기억해보면 50을 '쉬흔'으로 하는 어른들이 더 많았던 듯한데, 50은 '쉬흔'으로 쓰지 않고 '쉰'으로 쓴다. 또 20을 '스믈'로 잘못 쓰는 경우도 종종 눈에 띄는데 '스물'로 써야 한다.

  스무 명
  그 사람 나이가 스물인데
  스물두 사람

  뒤에 오는 말을 꾸미는 관형사로 쓰일 때는 '스무'가 되고, 명사로 쓰이거나 뒤에 단자리 수가 바로 붙을 때는 '스물'이 된다.

의성어, 의태어에도 표준말이 있다

퀴즈를 먼저 풀어보자.

다음 둘 중에서 맞는 표기는?

1. 단촐하다/단출하다
2. 깡총깡총/깡충깡충
3. 소근소근/소곤소곤

아마 앞엣말에 동그라미를 친 분들이 많을 것이다. 그렇지만 모두 뒤엣말이 표준어이다.

출판되기 전의 수고手稿 또는 원고를 읽다보면 표준어와는 달리 의성어, 의태어를 쓴 경우들을 종종 만나게 된다.

'(살림이) 단출하다'가 아니고 '단촐하다'가 표준말이라는 게 영 어색하다. 예전에는 의성어 의태어에서 이른바 '모음조화'가 유지되었는데, 현행 한글맞춤법에서는 시대 흐름에 따른 말의 변화를 인정해 일부 모음조화가 깨진 의성어 의태어를 표준말로 삼고 있다. 그러다보니 말의 규칙성이 흐트러져 혼란스럽게 느껴지기도 한다. 토끼가 뛰는 모습이 깡총깡총이면 어떻고 깡충깡충이면 어떤가. '소근소근' '소곤소곤'도 마찬가지다. 귓가에 대고 가만히 이야기하는 모습이 소근소근이면 어떻고 소곤소곤이면 어떤가. 오히려 일반인의 언어 사용에서는 '단촐하다' '소근소근'이 우세한 듯한데, 앞으로 표준말을 새로 정할 때는 충분히 검토해서 일반인의 언어 사용이 자연히 맞춤법에 맞아드는 방향으로 말을 골라야 할 것이다.

소리, 모양, 움직임을 흉내 내는 말을 쓸 때 들리는 대로 보이는 대로 쓴다 해서 문제될 것은 없다. 문학 언어에서는 더더구나 작가의 감수성을 중시할 일이다. 그러나 의성어 의태어에도 표준말이 있고, 또 그때그때 마구 만들어 쓰면 소통의 혼란이 온다는 것을 기본적으로 인식하고 있어야 할 것이다.

안학수 시인의 동시집 《낙지네 개흙 잔치》(창비 2004)를 읽다 보면, 참 우리말을 평범하게 쓰면서도 빛나게 쓰고 있어 점점 그 맛에 취해 들게 된다. 여러 작품이 의식적으로 의성어 의태어에 공을 들이고 있고, 편편마다 깔끔하면서도 정확한 우리말 사용이 상큼하기만 하다. 좋은 작품이 많지만 그중에서도 명편은 〈개펄 마당〉이 아닐까 한다.

밀릉슬릉 주름진 건
파도가 쓸고 간 발자국,
고물꼬물 줄을 푼 건
고둥이 놀다 간 발자국.
스랑그랑 일궈 논 건
농게가 일한 발자국,
오공조공 꾸준한 건
물새가 살핀 발자국.
온갖 발자국들이 모여

지나온

저마다의 길을 펼쳐 보인 개펄 마당.

그중에 으뜸인 건

쩔부럭 절푸럭

뻘배 밀고 간 할머니의 발자국,

그걸 보고 흉내낸 건

폴라락 쫄라락

몸을 밀고 간 짱뚱어의 발자국.

  개펄에 남은 여러 자국들을 보고 그 생긴 과정을 짚어보는데, 인간을 포함해 개펄을 무대로 살아가는 여러 생물들이 한자리에 어우러진다. 고물꼬물, 쩔부럭 절푸럭 등 반복되는 표현도 같은 말을 반복하지 않고 조금씩 변화를 준 것은 개펄에 생긴 자국 자체가 똑같은 반복은 하나도 없다는 것을 환기한다. 하나하나 의태어가 다 다르고, 또 파도를 포함해 개펄 생물들이 움직인 모양도 다 다르다. 고둥이 기어간 자취는 '고물꼬물 줄을 푼' 모습이고, 농게가 남긴 자국은 '스랑그랑 일궈 놓은' 일한 자취이고, 물새의 자취는 '오공조공 꾸준하게' 잡아먹을 것을 찾아 살피고 다닌 흔적이다. 이 얼마나 간결 섬세하면서도 정밀한 관찰인가 감탄이 절로 나온다.

할머니의 발자국이 으뜸인 것은 일단 그만큼 큰 덩치로 또 뻘배까지 밀고 나간 까닭일 텐데, 여기서 짱뚱어의 흉내로 인해 할머니와 다른 개펄 생물들이 동격으로 놓이게 된다. 뻘배 밀고 생활 마당에 나선 할머니가 안쓰러워 보이는 것도, 한 풍경이 된 것도 아니고, 온갖 개펄 생물들과 똑같이 하나의 살아가는 자취를 보여주고 있는 데서 이 시는 경물시景物詩에 머무르지도 않고 인생담으로 흐르지도 않은 시의 진경에 도달하였다.

'간간이' 비 내릴 때 '조용히' 책을 읽는다

후지따 쇼오죠오는 일본 전공투가 한창일 때 대학 부교수 자리에서 벗어난다. 그리고 9년의 시간 동안 건설현장에서 노동을 하거나 간간히 원고를 써서 살았다 한다. 그러면서도 먹고살기 위해 글을 쓰기보다는 밖으로 나가 일을 할 궁리를 했던 것 같다. 자신의 원칙과 상황이 실존과 어긋날 경우 어느 쪽을 선택할 것인가라는 물음은 그 질문 자체로 가치를 지닌다. 그런 자각이 가지는 가치에 대해 〈오늘의 경험〉이라는 에세이를 통해서 '정신적 야당'이라는 유쾌한 명명을 하였다.
—김상철 〈불량하라, 불량하라, 불량하라〉(후지따 쇼오죠오, 이순애 엮음, 이홍락 옮김, 《전체주의의 시대경험》, 창작과비평사 1998에 대한 서평), 문화연대 사이트 문화쟁점 '문

화아이콘' 게시판 2005. 2. 22

'간간히'가 맞을까, '간간이'가 맞을까? 일견 쉬워 보이는 맞춤법이지만, 틀리게 쓰는 예도 많다.

    간간間間이

    산산散散이

    일일一一이

    점점點點이

    ……

와 같이 같은 한자어를 겹쳐 써서 부사가 될 때는 '-히'가 아니라 '-이'가 붙는다. 한자어가 아니어도 같은 낱말을 겹쳐 써서 부사가 될 때 역시 '-이'가 붙는다.

    겹겹이

    집집이

    나날이(← 날날이)

다달이(← 달달이)

철철이: '철마다'의 뜻

낱낱이

일일이

곳곳이

……

    이 말들에는 '산산하다' '집집하다'와 같이 '-하다'가 붙어 쓰일 수 없다. 그러면 어떤 경우에 '-히'가 붙을까? '-히'는 '-하다'와 관계가 있다.

조용히 ← 조용하다

무사히 ← 무사하다

나란히 ← 나란하다

영원히 ← 영원하다

깔끔히 ← 깔끔하다

후련히 ← 후련하다

……

와 같이 '-하다'로 끝나는 말(형용사)이나 '-하다'가 붙어 형용사가 되는 말은 '-히' 형태로 부사가 된다. 다만 어간이 'ㅅ' 받침으로 끝나는 말에서는 '-이'가 붙는다. 발음이 '-히'로 나지 않기 때문이라고 보면 된다.

깨끗이
버젓이
꼿꼿이
뚜렷이
버젓이
……

'ㄱ' 받침으로 끝나는 말도 대개 '-이'가 붙지만, '-히'가 붙는 말도 있다. 이는 소리나는 것에 따라 표기하는 것이므로 소리를 내거나 들어보아 구별할 수 있다. 하지만 '깊숙이'를 '깁수기'라 하는 사람도 있고 '깁수키'라 하는 사람도 있는 등 실제로는 소리내는 것이 제각각이다.

따라서 혼동될 때는 사전을 찾아 확인하는 수밖에 없다. 발음도 맞춤법에 맞는 표기에 따라 '깊숙이'는 '깁수기' '넉넉히'는 '넝너키'로 발음해야 맞는다.

깊숙이

묵직이

너부죽이

고즈넉이

……

넉넉히

익숙히

"이거 정말 고민됩니다"

 노동하는 사람들의 '교양지'《삶이 보이는 창》에 '우리말 클리닉'을 연재하는 필자는 우리말을 척척 잘 알아서 멋들어지게 쓰느냐? 애석하게도 그렇지 못하다.

 요즈음 내가 주로 쓰는 글은 어린이문학평론인데, 글을 쓰다 보면 자주 부딪치는 문제가 몇가지 있다. 생각나는 대로 한두 가지 예를 들어보자.

 '~에 있어서'는 일본식 표현이니까 쓰지 말라는 것을 우리말 바로 쓰기 운동을 하는 분들의 글에서 여러 차례 읽었다. 그래서 나는 글을 쓸 때 '~에 있어서'라는 표현을 피해서 쓴다. 무심코 '~에 있어서'를 썼더라도 글을 다듬는 과정에서 고치는데, 거의 '~에서'로 고치게 된다. 그러다 보니 어떤 문장은 '~에서' 가 자주 쓰여서 문장의 호흡이 단조로워진다. 간혹은 '~에서'로 바꿔 놓으면 영 어색하게 느껴지는 경우가 있어, 꼭 바꿔야 하나 고개를 갸우뚱하기도 한다.

그렇지만 역시 의식하고 안 쓰려고 노력하니, 자연히 '~에 있어서'가 문장 중에 잘 안 나오게 되고 문장도 더 부드러워지는 것 같다. '~에 있어서'는 애당초 좀 막연하게 던지는 표현인지라, 구체적인 표현으로 바꾸는 게 훨씬 매끄럽고 의미도 뚜렷해진다.

부동산 거래에 있어서 유의할 사항→부동산 거래에서 유의할 사항, 부동산 거래할 때 유의할 사항
헤겔 법철학에 있어서 가족론→헤겔 법철학에서 가족론, 헤겔 법철학에 나타난 가족론

그리고 이오덕 선생님이 강력하게 주장하신 것인데, 한자말 '주변'을 우리말 '둘레'로 써야 한다고 한 것도 늘 의식이 된다. 처음에는 매우 어색했는데, '주변'을 안 쓰고 '둘레'를 쓰는 몇몇 사람의 글을 읽다

보니 점점 덜 어색해진다.

그런데 아직은 나는 글을 쓸 때 '주변' '주위' 대신 '둘레'를 반드시 쓰지는 않는다. 뜻이 꼭 일치하지 않을 때도 있는 듯하고, '주변' '주위'도 같이 쓰면 되겠다 싶은 생각이 든다. 이 통의 둘레의 길이는? 할 때는 '둘레'가 자연스럽고, 네 주변 사람을 살펴봐라 할 때는 '주변'이 자연스럽다. 그렇지만 '네 둘레 사람을 살펴봐라'라고 사람들이 점점 많이 쓴다면, 그것도 자연스러워질 것 같다.

최근에 한겨레신문에 '절체절명'이 일본식 표현이라는 지적이 나왔다.

절명絶命은 '목숨이 끊어짐. 죽음'의 뜻으로 한자를 쓰는 여러 나라에서 두루 쓰지만, 절체절명絶體絶命은 오직 일본인들만이 쓰는 말이다. 일본의 삼성당판《대사전》을 뒤져보면 "ぜつたいぜつめい"(제쓰다이제쓰메이, 絶體絶命)를 올림말로 싣고, "위험하거나 곤란한 일을 도저히 피할 수 없는 상황. 막다른 경지에 몰려

서 오도가도 못함"이라고 풀고 "~의 궁지窮地"를 보기로 싣고 나서, '절체'와 '절명'은 구성점九星占에서 말하는 흉한 별(흉성)의 이름이라고 했다. 그런데 우리나라 학자와 언론인들이 그 말 본래의 뜻과 달리 제멋대로 쓰는 모양은 우습기 그지없어서 서울시의 꼴불견 영어 "하이 서울!"을 떠올린다.

—이수열,《한겨레》2005. 4. 19

그래서 공부가 되었는데, 평론집을 내기 위해 예전에 내가 쓴 글을 살피다 보니 '절체절명의 위기'라고 한 구절이 있었다. 아는 게 병(?)이라고, 찜찜해서 '절체절명'을 다른 표현으로 바꾸었으면 싶었다.

윗글에서 고쳐 쓰기 예로 들어 보인 말은 '긴박한/절실한' '절호의/다시없을' '간절한' '어쩔 수 없어'인데, 이 중에 '~위기'에 넣을 만한 표현이 없었다. '절체절명의'만큼 절박하고 목숨이 위태로운 지경을 힘 있게 표현해줄 말이 영 떠오르지 않았다. 내 어휘력 부족이지만, 이 말이 주는 어감이 그만큼 강렬한 때문이기도 하다.

지식인이든 일반 민중이든 외국어와 교섭하면서 새로운 표현을 받아들이고 변용하는 일은 늘 일어난다. '절체절명'이 일본어에서 왔더라도 꼭 안 써야 하는지는 잘 모르겠다. 다만 윗글에서도 지적했듯이 이 말이 제 뜻대로 쓰이지 않는 경우도 많으며, 일본식 표현인지 몰라서 애용하는 사례도 있을 것이다.

바꿔 쓸 말을 풍부하게 찾아만 준다면 아마 누구라도 좋은 우리말 표현을 쓰는 데 주저하지 않으리라. 아니, 명색이 우리말 클리닉 '원장'인데 스스로 찾아 쓸 수준이 돼야지. 그런데 나 역시 좋은 표현이 안 떠올라 하염없이 붓방아를 찧고, 우리말 강박증으로 점점 표현의 폭을 좁히고 있는 것은 아닌가 내심 걱정할 때도 많다.

60년 만의 만남

　

　남쪽 작가단 98명이 '월북'하여 북한 작가들을 만난 역사적인 '민족작가대회'가 분단 60년 만에 마침내 열렸다. 예술인들의 교류가 그동안 적지 않았음을 생각하면, 민족문학을 내세우며 분단 극복을 지향해 온 작가들로서는 오히려 매우 늦게 성사된 만남인 셈이다.

　7월 20일부터 25일까지 평양과 백두산, 묘향산 등지를 두루 방문하며 행사를 치른 남쪽 작가들의 감회가 여기저기 언론 매체에 실리고 있다.

　그러다가 "위대한 수령 김일성 동지는 영원히 우리와 함께 계신다"라는 표어를 만나면 다시 아, 여기는 북측이지, 실감하고 다시 '남새점' '옷점' '팔골리발(팔골리에 있는 이발소)'이란 간판을 만나면 배시시 웃다가 고갤 들어 "위대한 김정일 동지를 수반으로 하는 혁명의 수뇌부를 목숨으로 사수하자"라는 거대한 표어를 만나면 마음이 복잡해지곤 했다. 본래의 우리말 뜻은 북쪽에 많이 남아 있었다. 평양으로 오는 비행기 안에서 쓴 입국 신고서의 '난날(태어난 날)' '따로 부친 짐' '손짐'이란 표기들을 비롯해 비행기가 도착했을 때 승무원의 "섭섭해도 뒤에 앉은 사람부터 내려야겠습니다"라는 말씨는 매우 정다웠다. 승무원들은 항상 앞에 '미안합니다'라는 말을 붙였다. '미안합니다'라는 말 자체가 우리하고 쓰임이 다른 듯했다. '미안합니다'는 남쪽의 '실례합니다' 아닌가 싶다.

―《한국일보》 7월 26일자

소설가 신경숙 씨가 《한국일보》에 쓴 방북기의 한 대목이다. 보통의 북한 생활언어에서 느껴지는 것은 이처럼 조금 낡은 듯하면서도 고유한 우리말의 소박함이 그대로 묻어나는 낱말들과 서울내기식의 영악

함이 없는 말투가 주는 '정다움'이다.

북한을 다녀온 다른 작가는 대회장에서 바로 자유롭게 의사소통이 되는 것에서 역시 우리는 한겨레임을 실감했다고 했다. 사실 남북의 언어, 문화의 차이와 이질화를 들먹이는 경우가 많지만 그것은 극히 사소한 것이다.

일요일인 어제(7월 31일) 동아시아축구선수권대회에서 맞붙은 한·중전을 텔레비전 중계로 보고 나서 얼마 있으니 바로 이어 열린 경기에서 북한이 일본을 1 대 0으로 눌렀다고 한다. 월드컵 예선에서 신통찮은 실력을 보여준 북한이 일본을 모처럼 꺾었으니 반갑기 그지없다. 무려 15년 만의 승리라고 한다.

인터넷에서 북한 대표팀의 김명성 감독과 인터뷰한 기사를 보았다(CBS 노컷뉴스 2005. 7. 31). 이해하기 힘든 말은 거의 안 보이는데, 몇몇 축구 용어들은 우리와 다르고 또 좀 어색해 보이는 표현도 눈에 띈다. 일문일답을 보면서 해설을 붙여본다.

▶ 리한재를 초반에 교체한 이유는?

- 우리 3인 방어수 앞 공간이 중요한데 공 처리가 잘못됐고, 그 공간에서 볼처리를 줬기 때문에 이를 막기 위해 바꿨습니다.

해설) '방어수'는 '수비수' '볼처리'는 '패스'를 뜻하는 듯. 우리도 '볼처리'를 많이 쓰지만, 패스는 '연결'이라고 한다.

　▶ 오는 4일 남북대결이 펼쳐지는데.
　- 같은 동포인데 이기고 지고, 그런 경쟁적인 생각을 크게 가지고 싶지는 않습니다. 그러나 스포츠는, 아버지와 아들이 경기해도, 경기는 경기인만큼 조선 인민들의 기대에 부합되게 훌륭히 치르길 바랍니다.

'인민'이란 말은 좌익 용어로 인식되어 우리는 아직까지도 잘 안 쓰고, 대신 '국민 여러분' '팬 여러분'이라고 한다. '부합되게'는 '부합하게' '부응해서'가 낫겠고, '기대에 어긋나지 않게' 하면 더 곱다.

▶ 이번 대회에서 우승할 자신이 있는지.

– (웃음) 사람들이 다 목표는 높이 가지고 있지 않습니까? 그러나 경기는 해봐야 하는 거고 우리는 이제 첫발을 뗀 데 불과합니다. 경기는 마지막 결과를 봐야 아는 거라고 보여집니다.

'높이'는 '크게'. 그런데 목표를 '크게 가져라'보다 '높이 가져라'가 더 알맞은 표현이다. '보여집니다'는 '봅니다' '생각합니다' 해야 자연스럽다.

▶ 일본을 이긴 것이 어떤 의미를 갖나?

– 우리가 앞서 두 번을 졌습니다. 오늘 이겼으니까 왜 기쁘지 않겠습니까. 기자 선생님 같으면 기쁘지 않겠습니까. 오늘 우리가 일본에 이긴 비결은 제가 작전을 잘하거나 우리 선수들이 특별한 기술이 있어서가 아니라고 생각합니다. 존경하는 김정일 장군님이 보내 주신 담력, 조국광복 60주년을 맞아서 인민들이 보내 준 당부, 오직 이 생각만을 가지고 경기를 해서 이겼다고 생각합니다.

차범근 감독이나 본프레레 감독이 '기자 선생님'이라고 하는 것을 방송에서 들어보지 못했다.

▶ 이번 대표팀은 젊은 선수들로 구성이 됐는데.
- 젊은 선수들로 구성한 것은 이번만 경기가 있는 것이 아니라 2006년도, 2007년도, 2008년도, 2009년도까지 앞으로 10년간 전망적으로 축구팀을 꾸려야 되겠다는 생각에서입니다.

'10년간 전망적으로'보다는 '10년을 내다보고'가 훨씬 고운 표현이다. 우리는 '전망'이라는 말을 많이 쓰지만 '전망적'이라고는 쓰지 않는다.

관심이 계십니까

추석 무렵 내가 사는 아파트의 엘리베이터 문 옆에 다음과 같은 광고문이 붙어 있었다.

친정 아버님이 재배하신 인삼을 저렴한 가격에 판매하니 관심 계신 분은 연락해 주세요.

그런데 누군가가 '관심 계신'의 '계신'을 볼펜으로 긋고 그 아래에 '있으신'으로 고쳐놓았다. 누굴까? 아마 엘리베이터를 타고 오르내리는, 중학교나 고등학교에 다니는 학생 중에서 그러지 않았을까 싶었다.

광고를 볼 주민을 높이려고 존대 표현을 쓰다 보니 '관심 계신'이라고 한 것인데, '있다'의 높임말이 '계시다'라고 생각했기 때문이다.

    선생님이 교실에 있다.
    → 선생님이 교실에 계시다.

이렇게 높임 표현을 쓴다. '선생님'을 높이기 위해서다.
그렇다면 '관심이 계시다'라고 하면 안 될까?

    선생님은 독서교육에 관심이 있다.
    → 선생님은 독서교육에 관심이 계시다.
    → 선생님은 독서교육에 관심이 있으시다.

위 문장에서 '관심이 계시다' 하면 높임을 받는 것이 '계시다'의 주체인 '관심'이 된다. 따라서 선생님을 높이는 표현을 쓰려면 별도의 단어인 '계시다'를 쓰지 말고 '있다'에 높임을 나타내는 어미 '-시-'를 넣어 써야 한다.
우리말 표현의 미묘함이라 해야 할까, 오묘함이라

해야 할까. 이런 우리말의 존대법은 우리말이 몸에 익지 않으면 제자리에 딱 맞게 쓰기가 쉽지 않다. 친정집의 인삼 판매를 알리는 광고를 붙인 주부도 우리말이 몸에 익은 사용자이지만 이런 존대 표현의 미묘한 차이를 살려 쓰지 못했다.

잠깐 우리 마을에 놀러 오신 국어선생님을 보자마자 달려가서 여기 싫다고 데려가라고 투정을 부렸다. 선생님께서는 웃으시면서 다 추억이 되실 거라고 하셨다.
― 고교 1년생의 글에서

위 문장에서 선생님이 '추억이 되실 거라고 하셨다'라고 한 구절을 보면, 선생님을 높이려고 '추억이 되시다'라고 하였다. 그런데 이렇게 하면 선생님을 높이는 표현이 될까?

선생님은 (내게) 좋은 추억이 될 거라고 하셨다.
나는 (선생님에게) 좋은 추억이 되실 거라고 말씀드렸다.

위에서 보듯 '추억이 되시다'라고 하면 추억을 갖게 되는 주체를 높이는 것이지 그 말을 한 주체를 높이는 표현이 되지는 않는다. 따라서 '선생님께서 (내게) 좋은 추억이 되실 거라고 하셨다'라고 하면, 선생님이 학생인 나를 높여 말했고 이를 전하는 나도 선생님을 높여 말하고 있는 셈이므로 표현이 어색해진다.

왜 이런 현상이 일어날까? 높임 관계가 정확히 드러나는 높임 표현을 써야 하는데, 높여 표현하겠다는 무의식이 발화 전체에 작용하다보니 모든 표현에서 높임 표현을 사용한 것이다.

그런데 어법을 따질 때는 어긋난 표현이더라도 이를 다 부정할 수는 없다. 고향에 계신 우리 어머니가 동네 어른들 이야기를 하실 때 "그 냥반 귀잡수셔서 못 알아들어"라고 하시던 게 떠오른다. '귀먹다'라고 할 때의 '먹다'는 밥을 먹는[食] 것과 같은 행위가 아니므로 높임 표현으로 '잡수시다'를 쓰면 안 되는데 늘 '귀잡수셔서'라고 하셨다. '귀먹으셔서'라고 해야 어법상으로 더 맞는 표현이지만, '귀잡숫다'라는 표현이 좀 더 실감나고 유머러스하게 들리기도 한다.

불식하다, 불식시키다

 김 위원장의 돌연사는 1994년 김일성 주석 사망 당시와 비슷한 구석이 많다. 김 주석은 당시 김영삼 대통령과 남북정상회담을 준비하다 갑작스럽게 변고를 맞았다. 사망 원인이 심근경색과 심장성 쇼크인 것도 부자가 같다. 이런 이유로 김 주석 가계의 심장관련 질병이 가족력이라는 분석도 나온다. 숨진 뒤 부검이 실시된 것도 두 부자가 마찬가지인데, 이는 사망 원인을 둘러싼 의혹을 불식시키려는 의도로 보인다.

―《한겨레》 2011. 12. 20

 '불拂'은 '먼지 떨다' '식拭'은 '씻다'의 뜻이어서, 불식의 사전의 풀이는 '의심이나 부조리한 점 따위를 말끔히 떨어 없앰을 이르는 말'이다. 즉 '떨어낸다' '씻어낸다'를 좀 강하게 한자어로 말하는 것이 '불식拂拭'이다. '-시키다'는 사동, 즉 '~하게 하다'의 뜻이므로 '불식시키다'는 '불식하게 하다' '떨어내게 하다'의 뜻이 된다.

그럼 위 기사를 읽어보자. 마지막 문장에서 '의혹을 불식시키려는 의도'는 '의혹을 불식하려는 의도'로 쓰는 게 적절하다. '의혹을 떨어내려는 의도'의 뜻이기 때문이다. '의혹을 떨어내려는 의도' '의혹을 씻어내려는 의도' 정도로 쓰면 더 좋지 않을까.

사동의 뜻이 아닌데 관습적으로 '-시키다'를 붙여 쓰는 사례를 자주 볼 수 있다. '-하다'로 바꾸어봐서 말이 자연스러우면 '-하다'로 쓰는 것이 좋다.

'불식'의 한자의 원뜻이 '먼지 떨고 씻다'라는 일상어인데, '불식'이라 쓰면 관념을 나타내는 개념어로 보인다. 한글세대는 한자세대의 어감과는 달리 느끼게 되므로, '불식'보다는 '떨어내다' '씻어내다'로 쓰는 것이 본래 '불식'을 쓴 의도와도 걸맞을 것 같다.

아래 기사도 김정일 사망과 관련된 기사이다.

이와 관련, 청와대 고위 관계자는 "우리 정부는 그동안 북한 정권과 주민들을 분리한 정책 기조를 펼쳐왔다"면서 "이번 담화문에서도 이 같은 뜻이 내포돼 있다"고 설명했다.

하지만 '민간 방북 조문'을 김 전 대통령과 정 전 회장의 유족으로 제한시키면서 '노무현 재단'을 비롯한 진보단체들의 반발이 예상된다.

류 장관은 또 "정부는 북한이 애도 기간에 있는 점을 감안해 12월 23일 예정된 전방에서 성탄 트리 점등을 올해에는 유보하도록 종교계에 권유할 계획"이라고 밝혔다.

―《연합뉴스》 2011. 12. 20

기사 중간의 '제한시키면서'는 '제한하면서'로 써야 맞다. '제한하게 하는 효과를 가져온다'는 뜻으로 '제한시키면서'로 썼다고도 볼 수 있으나, 기사의 의미는 '직접적으로 또는 실질적으로 제한하면서'로 보는 것이 옳을 것이다. 따라서 '제한시키면서'로 쓴 것은 부적절하다.

요즘 부적절한 사동, 피동 표현을 능동 표현으로 바꾸어 쓰려는 노력으로 관습적으로 쓰던 사동, 피동 표현이 많이 줄어들고 있다. 그러나 다소 무리하게 바꾸어 쓰는 예도 많이 보인다. '연극이 개막하다' '영화가 시작하다' 같은 표현이 그렇다. 사전에 오른 의미로는 맞게 쓰인 것이지만, 이렇게 사용한다면 일종의 재귀동사로 보아야 할는지? '연극이 〔자신-연극을〕 개막하다' '영화가 〔자신-영화를〕 시작하다'로 보아야 하는 것인가?

'연극이 개막되다' '영화가 시작되다'와 같이 피동 표현으로 쓰는 것이 더 적절하지 않을까? '극단이 연극을 개막하다' '영화 기사가 영화를 시작하다'와 같이 주체(주어)가 있고 '연극' '영화'는 목적어이나, 그 주어를 특정짓기 어려워 피동형으로 쓴다. 이렇게 보아, '연극이 개막되다' '영화가 시작되다' 역시 자연스러운 표현으로 보는 것이 좋겠다.

우리말에서는 주어가 생략되는 경우도 많고 목적어가 생략되는 경우도 많다. 최근의 사동, 피동을 피해 능동형을 쓰려는 우리말에 대한 관심은 때때로

숨은 주어 혹은 숨은 목적어나 보어의 존재를 잊어버리고, 이를 잘못된 사동, 피동 표현으로 간주해 무리하게 능동 표현으로 쓰는 오류를 빚기도 한다.

밖, 밖에, -ㄹ밖에를 구별하자

 이러니 소대장 최소위로서야 답답할 밖에. 차라리 치통을 앓고 말지, 저러는 저 일등병을 맨 정신으로는 마주 쳐다볼 수가 없었다.(…)

 불과 얼마 전에 보충병으로 들어온 신병을 휴가 보낸다는 것은 누가 보더라도 무리였지만, 자기 소대 명물인 이 '고문관' 하사를 위해서는 부득불 한번 밀어붙일 밖에 없었다.

 —이호철 단편소설 〈오돌할멈 손자 오돌이〉,《창작과비평》 2009년 가을호

이호철 소설을 오랜만에 읽었다. 한국전쟁기 입대한 한 '고문관' 병사의 이야기다. 김오돌은 숯 굽는 화

부의 아들 '박공규' 대신 입대해서 어리버리한 고문관으로 지낸다. 그런데 이 고문관 병사와 소대장 최소위를 중심으로 벌어지는 훈훈한 이야기. 치열한 전투가 벌어지는 전쟁 상황에서도 사람살이는 이루어지고 인정이 오간다는 것을 보여준다.

추석 전날, 전투 중에 죽은 줄 알았던 오돌 하사가 북쪽 진지에서 인민군 복장을 하고 추석 음식을 그득하니 짊어지고 돌아온다. 북쪽 부대장이 남쪽 부대장에게 보낸 서신도 들어 있다.

남북 분단과 전쟁의 반목과 상잔 중에도 실제는 이렇게 남북 '인민' '민중'들끼리는 오가고 서로 통했다는 것, 그리고 남쪽 내부에서도 전쟁 상황에 민중적 해학과 견딤과 소통의 인정 어린 교류가 있었다는 것. 이런 것을 이호철 소설은 특히 90년대 이후 꾸준히 담아내려고 하지 않았나 싶다.

위 인용 대목을 보면 '답답할 밖에' '밀어붙일 밖에'라는 어구를 사용하고 있다. 일상적으로 자주 쓰이는 표현은 아니지만, '~할밖에'는 독특한 어감의 표현이다. '답답할 수밖에' '밀어붙일 수밖에'가 될 수도 있지만 그렇게 쓰지 않았다.

  이는 얼핏 보면

―ㄹ(관형형 어미)+밖(명사)+에(조사)

인 것처럼 생각된다. 위 인용문에서 '―ㄹ 밖에'로 띄어쓰기를 한 것도 그렇게 본 까닭일 것이다. 그러나 '밖'이 포함된 밖/밖에/ㄹ밖에 세 가지가 모두 다르다.

  밖: 바깥. 명사.
  밖에: 조사.
  ―ㄹ밖에: 어미.

명사 '밖'은 대개 '바깥'에 해당한다.

  운동장 밖으로 나갔다.
  예상 밖의 일이다.

조사 '밖에'는 부정을 뜻하는 말과 어울려 대부분

'~뿐' '~ 말고는'으로 한정하는 뜻을 형성한다.

너밖에 없다. → 너뿐이다.
돈밖에 모른다. → 돈 말고는 모른다. 돈만 안다.
갈 수밖에 없다. → 가는 것 말고는 안 된다. 가야만 한다.

어미 '-ㄹ밖에'는 '-ㄹ 수밖에'와 비슷한 의미를 형성하는 종결어미인데, 반드시 종결어미로만 쓰이는 것은 아니다.

답답할밖에.
밀어붙일밖에 없었다.

위 소설 인용문의 '-ㄹ밖에'를 종결어미로 보는 견해에서는 '밀어붙일 수밖에 없었다'로 써야 한다고 주장할 수도 있겠다.

그저 웃을밖에 어쩔 도리가 없다.

이런 문장에서는 굳이 '웃을 수밖에'가 돼야 할 필요는 없을 것 같다.

ㄹ받침 외의 받침 있는 용언에서는 '웃을밖에'처럼 '-을밖에'의 형태가 된다. 밖/밖에/-ㄹ밖에가 모두 품사가 다르니, 한국어가 어렵다고 할 만하다. 보통 사람들은 대개 뜻이 어려운 말, 주로 명사 어휘를 사전에서 찾아보는데, 어미를 사전을 찾아 확인하는 데는 익숙지 않을 것이다.

'-ㄹ밖에'를 한 덩어리로 인식해 이를 붙여 쓰기는 쉽지 않다. 그렇지만 '-ㄹ밖에'는 어미로 인정되고 있고 따라서 띄어쓰기를 하지 않는다. '-ㄹ망정'을 비롯해 이와 유사한 구조로 된 어미들이 더 있다.

배가된다, 배가 된다의 차이는?

여름철 우리 집 냉장고 200% 활용법

연일 계속되는 무더위 속에서 냉장고는 유독 '고마운' 존재가 됐다. 일상적인 음식은 물론, 화장품, 와인, 각종 더위를 쫓는 제품들을 보관해 시원한 여름을 날 수 있도록 도와주기 때문이다. (중략) 직접 피부에 닿는 화장품을 시원하게 만들면 무더위 '퇴치 효과'가 배가 된다. 특히 시원한 청량감의 민트 성분이 든 제품과 순간 냉각되는 쿨링 화장품을 냉장고에 넣어두고 쓰면 더위와 햇볕에 지친 피부를 진정시키는 데 효과 만점.

―《조선일보》 2009. 7. 3

"무더위 퇴치 효과가 배가 된다"에서 '배가 된다'는 무슨 뜻일까? 띄어쓰기가 되어 있는 대로 읽으면 '배倍가 된다'이다. 즉 '두 배가 된다'는 뜻이다. 물론 이런 의미로 썼을 수도 있지만, 보통은 '배가倍加된다'라는 표현을 쓴다. 따라서 이 문장은 '배가된다'로 붙여 써야 할 것을 단순히 띄어쓰기를 잘못 했거나, 아니면 기자가 '배가倍加된다'로 쓴 것을 교열자가 '두 배가 된다'는 표현으로 오인하여 '배가 된다'로 떼어 놓은 것으로 보인다.

'배가 된다'는 '2배가 된다'로 특정하는 표현임에 비해, '배가된다'는 두 배 또는 몇 배로 늘어난다는 뜻의 표현이다. 따라서 보통 '크게 늘어난다'는 정도의 의미로 쓰인다. "무더위 퇴치 효과가 배가 된다/배가 된다"는 무더위 퇴치 효과를 한 배, 두 배로 계량할 수 있는 것이 아니어서 굳이 '두 배가 된다'라는 어색한 표현을 쓸 필요가 없으므로 '배가된다'로 봄이 타당하다.

'배가倍加된다'에서 '되다'는 국립국어원 사전에 따르면 "(서술성을 가진 일부 명사 뒤에 붙어) '피동'의 뜻을 더하고 동사를 만드는 접미사"로 분류된다. 따라서 '배가倍加된다'는 '배가 된다'로 떼어 쓰지 않고 '배가된다'로 붙여 쓴다. 증가되다, 축소되다, 형성되다, 사용되다 등 '-되다'가 붙는 말의 예를 쉽게 찾아볼 수 있다.

예전에는 '배가倍加되다'라는 표현을 많이 썼는데, 요즘에는 한자로 쓰거나 한자를 병기하지 않는 경우가 많다. 그래서인지 젊은 세대에서 '배가되다'라는 표현을 '배가 되다'로 오인하는 경우가 종종 있는 것 같다. 글을 읽을 때 '배가되다'를 '배가 되다'로 읽고, 이런 오인으로 글을 쓸 때 '배가 되다'로 쓰는 듯하다. 즉 이렇게 쓰는 이들에게는 '(두) 배가 되다'가 '배가되다'의 뜻으로 사용되는 것이다.

생일날 애인에게서 선물을 받으면 기쁨이 배가된다.

앞으로는 이런 표현이 "~기쁨이 배가 된다"로 바뀌어, '배가 된다'를 '크게 늘어난다'를 뜻하는 관용구로 인정해야 할 때가 올지도 모르겠다. 그러나 이때는 '배가 된다'보다 '배로 는다'로 표현하는 것이 더 좋겠다. 또 굳이 자신 없는 '배가倍加되다'라는 한자어 표현을 쓰기보다, '배로 는다' '몇 배로 는다' '훌쩍 큰다'와 같은 표현을 쓰면 더 낫지 않을까.

-요리가 와인을 만났을 때 그 맛은 배가 된다.
-아빠가 손을 내밀면 교육효과가 배가 된다.
-기대 안하고 봤다가 재미있으면 그 재미는 배가 된다.
-엑스노트 P510과 함께라면 취미생활의 기쁨은 배가 된다.
-두 선수의 타수 차이는 거의 배가 된다.

인터넷 검색으로 찾아본 위 문장들을 보자. 마지막 문장 외에는 '배가 된다'가 모두 '배가倍加된다'의 뜻이므로 붙여 써야 맞는다.

반증의 뜻과 사전의 개정 문제

길이 아닌 곳도 사람들이 많이 다니면 길이 된다고 했다. (루쉰의 단편 〈고향〉의 끝에 이런 의미의 문장이 있다.) 틀리게 쓰는 말도 사람들이 자주 쓰면 맞는 말이 되는 걸까? '반증反證'이란 단어를 말뜻과 반대로 쓰는 경우가 많아 제대로 쓰자고 '우리말 클리닉'에서 지적을 한 적이 있다.

"《친일인명사전》이 발행된 것은 우리 현대사에서 반민족행위자들이 아직 청산되지 않고 있다는 반증입니다. 청소년들이 아우성 같은 이 책을 통해 제대로 된 역사관을 키워나가길 바랍니다."

'역사교육 바로세우기 시민네트워크'의 김영수 공동

대표는 20일 '친일인명사전 학교 보내기 운동'을 펼치는 이유를 이렇게 말했다. '친일인명사전'은 민족문제연구소가 2009년 펴낸 책으로서, 박정희 전 대통령·김성수 전 부통령 등 4476명의 명단이 수록돼 있다.

―《한겨레》 2014. 1. 21

'반박하는 증거' '반대되는 증거'라는 뜻의 반증反證이란 단어를 위 문장은 잘못 사용했다고 보아, 반증 단어의 뜻을 확인하려고 국립국어원 표준국어대사전을 살폈다.

반증(反證)[반ː-]

「명사」

「1」어떤 사실이나 주장이 옳지 아니함을 그에 반대되는 근거를 들어 증명함. 또는 그런 증거.

「2」(주로 '-는/ -다는 반증이다' 구성으로 쓰여) 어떤 사실과 모순되는 것 같지만, 오히려 그것을 증명한다고 볼 수 있는 사실.

그런데 뜻풀이가 위와 같다. 그렇다면 위 인용의 '반증'의 2의 뜻으로 제대로 쓰인 것이 된다. 예전에는 2의 뜻이 사전에 올라 있지 않았던 것 같다. 사전을 찾아보면 예전의 뜻풀이와 다른 경우가 종종 있다. 예전 사전을 옮겨놓지 않았으니, 정확하게 어떻게 바뀌었는지는 알 수 없다. 온라인 사전의 편리성이랄까. 종이 사전은 뜻풀이를 바꾸려면 쇄를 바꿔 찍어야 한다. 그런데 온라인 사전은 예전 판을 확인할 길이 없다. 그렇다고 법률처럼 언제 개정했다고 적혀 있지도 않다.

반증이란 단어를 원래 뜻과 다르게 쓰는 사람이 많으니 다르게 쓰는 경우도 뜻풀이에 올렸다. 잘한 일인 것 같다. 그런데 원래 뜻풀이를 잘못했다는 반성일까, 언어는 변하는 것이니 변화를 반영한다는 기동성일까?

그렇다면 틀리게 쓰는 사람이 많으면 당신 이렇게 쓰면 틀린 것이에요, 지적할 것이 아니라 사전 편찬자에게 이것도 맞게 해주세요라고 주장해야 하나? 곤혹스러운 일이다. 사전의 개정은 일 년에 한 번 날을

정해서 하는 것이 좋겠다. 단순한 오자나 사실 오류는 바로 수정한다고 해도 뜻풀이의 추가나 예문의 추가, 문법 사항의 변경 등등 여러 내용들은 일 년에 한 번 공지된 날에 하는 것이 좋겠다.

[추신] 3월초에 국어학을 전공한 교수님과 대화하다가 '반증'의 뜻과 사전 개정을 이야기하게 되었다. 교수님이 종이책으로 출간된《표준국어대사전》을 확인하시더니, 책에도 지금의 온라인판과 같이 '반증'의 뜻이 풀이되어 있다고 알려주었다. 그렇다면 '반증'의 풀이가 처음부터 지금처럼 되어 있었고, 추가되거나 개정된 것은 아니다. '반증'의 뜻풀이가 예전에 2의 내용이 없었다는 것은 나의 착각인가? 여러 번 사전을 찾아본 것으로 기억되는데 말이다. 지금 확인된 바로는 내가《표준국어대사전》이 아닌 다른 자료에 의거했거나, 내가 정확히 사전을 찾아보지 않았던 것임이 분명하다. (2014. 3. 17)

[추신] 국어사전에 반증 풀이에 2의 뜻을 올린 것

이 적절할까 의문이 든다. 설사 그렇게 쓰이는 사례가 상당히 있더라도 그것은 언중의 확장된 사용이나 착오된 사용으로 보고 사전에는 올리지 않는 것이 적절하지 않을까. (2016. 1. 13)

수록 글 출처

편집자라는 모순된 자리에서 - 웹매거진 온페이퍼 2016. 9. 21
편집자, 보이지 않는 권력 - 온페이퍼 2016. 10. 11
편집자는 좋은 배우자인가 - 온페이퍼 2016. 11. 7
활판과 함께 사라진 '돼지 꼬리 하나' - 《대산문화》 2011년 여름호
판권, 책의 또 다른 표정 - 《대산문화》 2010년 여름호
'읽을 수 없는 고전'에서 '읽을 수 있는 고전'으로 - '각국의 어린이 고전 출판 현황', 동아시아 어린이책 심포지움 발표문, 파주어린이책잔치 2015. 5. 4
교과서 속 수필, 어떻게 선택되나 - 《대산문화》 2014년 봄호
교과서다운 문장 형식, 문체를 이루었는가 - 《교과서 연구》 66호, 2011년 겨울호
교과서 대화 편집방식 바꿔야 한다 - 《우리교육(중등)》 2003년 4월호
문학성과 시장성의 경계에 흐르는 강박 - 《대산문화》 2011년 겨울호
우리말 클리닉 - 《삶이 보이는 창》 (29호~47호) 연재 '김이구의 우리말 클리닉'(2002~2004) 외 저자의 블로그

김이구 金二求

1958년 충남 예산 출생. 2017년 타계. 서울대 국문과를 졸업하고 서강대 대학원 국문과에서 〈박태원 소설의 공간 형식 연구〉로 석사학위를 받았다. 1988년 《문학의 시대》에 단편 〈성금〉을 발표하며 소설가로 등단하였고, 1993년 경향신문 신춘문예에 〈진정성의 세계—방현석의 소설〉로 당선, 문학평론을 시작하였다. 한국작가회의 이사, 한국문화예술위원회 문학위원회 위원, 한국아동청소년문학학회 부회장을 지냈다. 지은 책으로 소설집 《사랑으로 만든 집》《첫날밤의 고백》과 동화집 《궁금해서 못 참아》 '창비 말놀이 그림책' 시리즈, 평론집 《우리 소설의 세상 읽기》《어린이문학을 보는 시각》《해묵은 동시를 던져 버리자》 등이 있으며, 엮은 책으로 《한낙원 과학소설 선집》《권태응 전집》(공편)과 '창비청소년시선' 외 여러 책들이 있다. 2015년 제4회 이재철 아동문학평론상을 수상했다.

1984년 창작과비평사(창비)에 입사한 후 '평생 편집자'로 수많은 책을 만들었으며 창비 편집국장, 상무이사, 계간 《창비어린이》 편집위원, 창비교육 상임기획위원 등을 지냈다. 2007년 한국출판인회의 올해의 출판인상(편집부문)을 수상하였다.